Mein
SPIRITUELLER ALMANACH

Laurence King Verlag GmbH
Jablonskistraße 27, 10405 Berlin
www.laurencekingverlag.de

Erstmals erschienen bei Laurence King Publishing
in Großbritannien 2023

Laurence King Publishing ist ein Imprint von
The Orion Publishing Group Ltd
Carmelite House, 50 Victoria Embankment
London EC4Y 0DZ

Ein Unternehmen von Hachette UK

Editorial Director: Zara Larcombe
Senior Editor: Charlotte Selby
Design: Sarah Strandoo
Herstellung: Davina Cheung

Illustrationen: Bradley Jay
Litho: F1 Colour Ltd, London

Für die deutsche Ausgabe
Übersetzung: Dr. Ulrich Korn, Dortmund
Lektorat: Writehouse, Katrin Höller, Köln
Satz: Igor Divis, Dortmund
Projektleitung: hauffe publishing, Dortmund

ISBN: 978-3-96244-327-6

1. Auflage 2023
Gedruckt in China bei C&C Offset Printing Co. Ltd

www.laurenceking.com
www.orionbooks.co.uk

Mein

SPIRITUELLER ALMANACH

Ein Jahr achtsam leben

JOEY HULIN

aus dem Englischen von Ulrich Korn

Laurence King Verlag

Gewidmet all den systemrelevanten
Arbeitskräften, die während der Corona-
Pandemie unser Land aufrechterhielten.

Inhalt

Einleitung

EIN JAHR, UM WIEDER ZUR LIEBE ZURÜCKZUFINDEN

Willkommen zu Ihrem spirituellen Almanach, der Sie wie ein Freund durch das Jahr begleitet. Er wird Ihnen dabei helfen, mit Ihrem Herzen und der natürlichen Welt um Sie herum in engem Kontakt zu bleiben.

Der Begriff „spirituell" bedeutet für jede*n etwas anderes. Hier wird er schlicht im Sinne von „Verbundenheit" verwendet – mit sich selbst, dem Leben, der Natur und der Liebe.

Dieses Buch soll Sie mit vielen kleinen Informationen versorgen, die Sie zum Nachdenken anregen; mit neuen Perspektiven und Aktivitäten, die Sie darauf einstimmen, ein achtsames Jahr zu genießen. Jeder Monat ist thematisch so gestaltet, dass er das Wesentliche der jeweiligen Jahreszeit aufgreift. Gleichwohl ist zu bedenken, dass unsere eigenen Rhythmen und Zyklen unterschiedlich sind, je nach den jeweiligen Lebensumständen. Es ist die Verbundenheit mit dem eigenen Selbst, die es anzuerkennen gilt. Machen Sie sich also mit den Monatsthemen vertraut und finden Sie ein Thema, das Ihnen gerade am passendsten und hilfreichsten erscheint, zu welcher Jahreszeit auch immer.

Warum fühlen sich die Menschen im Zeitalter der High-Speed-Verbindungen mehr denn je von allem entkoppelt? Die heutige Welt scheint oft ohrenbetäubend zu sein; das Leben selbst kommt uns vor, als seien wir stets zu beschäftigt, um es zu genießen. Wir vergessen, die Schönheit der Natur wahrzunehmen, der Poesie der Stille zu lauschen oder den Zauber im Alltäglichen zu erkennen, nur weil wir es so eilig haben, über uns selbst hinauszuwachsen.

Betrachten Sie dieses Buch als wohlgemeinte Erinnerung daran, sich mal wieder Zeit fürs Nachdenken zu nehmen und mit sich selbst in Einklang zu kommen, alles etwas langsamer anzugehen und das Leben zu umarmen. Wenn wir achtsam sind, uns gut um uns selbst kümmern und ein bewusstes Leben führen, fällt es uns leichter, geerdet und ausgeglichen zu bleiben und ein tieferes Gefühl der Verbundenheit zu spüren.

WIE SIE DIESES BUCH NUTZEN KÖNNEN

Mein Vorschlag: Lesen Sie zu Beginn eines jeden Monats das ganze Kapitel. Machen Sie doch einfach ein Selbstfürsorge-Ritual daraus: Genießen Sie im Winter eine heiße Tasse Kakao und machen Sie es sich unter einer Decke gemütlich, gehen Sie im Sommer an den Strand oder in den Park und lesen Sie die Seiten für den kommenden Monat. Vielleicht möchten Sie sich etwas notieren und Vorsätze oder einen Plan schmieden, wie und wann Sie sich im Lauf des Monats Zeit für sich selbst nehmen. Gehen Sie dann den Monat über so vor, wie es für Sie am besten passt, indem Sie Übungen machen, sich Meditationen oder Selbstfürsorgetipps noch einmal vergegenwärtigen, wann immer Ihnen danach zumute ist. Sie können oder wollen vielleicht nicht alle Übungen machen, und das ist auch okay. Machen Sie einfach das, was Ihnen nützlich erscheint – und haben Sie Spaß daran.

Letztlich ist dies *Ihr spiritueller Almanach*. Ich hoffe, er führt Sie zurück zu Ihrem Herzen und lässt Sie nicht nur erkennen, dass Sie selbst Ihr bester Lehrer, Ihre beste Lehrerin sind, sondern auch, dass die Antworten, die Sie außerhalb von sich selbst suchen, stets in Ihrem Inneren zu finden sind. Dieses kleine Buch möchte Sie lediglich daran erinnern, dass Sie wunderbar sind, und zwar genau so, wie Sie sind!

SICH KLARMACHEN, WAS WIRKLICH ZÄHLT

Während der Corona-Pandemie, besonders 2020/21, hat die ganze Welt viel über Gemeinschaft und Freundlichkeit gelernt, über ein entschleunigtes Leben und das, was wirklich zählt. Da Bewegungsfreiheit und soziale Kontakte eingeschränkt waren und sind, verlagerten sich individuelle und gemeinsame Prioritäten auf die Gesundheit, auf Uneigennützigkeit und die Verbundenheit mit anderen. Viele Menschen hatten Zeit, in sich zu gehen und ihr Leben in eine Richtung zu lenken, die eher mit ihrer inneren Wahrheit übereinstimmte.

Ein Großteil dessen, das wir Ihnen in diesem Buch anbieten, ist vielen zur Zeit der Lockdowns bereits auf ganz natürliche Weise begegnet. Während zu den Auswirkungen der Pandemie der Verlust vieler Leben und Lebensgrundlagen gehörte, wurden wir zugleich Zeugen eines radikalen Wandels, was Kreativität, Großzügigkeit, Naturverbundenheit und Freundlichkeit gegenüber Fremden anging.

Wir backten Brote in so großen Mengen, dass Mehl zu einer begehrten Ware wurde. Wir nahmen uns Zeit für Online-Meditations- und Yogakurse, die alle kostenlos und in Hülle und Fülle angeboten wurden. Wir telefonierten mit den Menschen, die wir lieben. Wir kauften Lebensmittel für unsere älteren Nachbarn ein. Wir tanzten in Küchen und sangen in Chören, alle virtuell versammelt auf Zoom, und Promis ließen uns in ihre Wohnzimmer. All das geschah, während unser Planet sich ausruhen und gesunden konnte und wichtige Arbeitskräfte – viele von ihnen zum Mindestlohn – unsere Länder am Laufen hielten.

Ich hoffe, dass dieses Buch Sie an die Liebe und Verbundenheit erinnert, die Sie vielleicht in dieser Zeit empfunden haben. Vielleicht weckt es Ihre Neugierde und regt Sie dazu an, mehr über die Aspekte der Spiritualität herauszufinden, die Sie in diesem Buch am meisten ansprechen. Ich hoffe, dass es Ihr Interesse an Ritualen und Zeremonien neu entfacht – Praktiken, die in der heutigen Hektik verloren gegangen sind. Und schließlich hoffe ich, dass es Sie wieder mit der Magie und dem Mysterium all dessen verbindet, von dem wir ein Teil sind.

Erinnern wir uns an das Geschenk, das Wunder und das Privileg, auf diesem schönen Planeten zu leben – und entscheiden wir uns bewusst dafür, jede kostbare Erfahrung bewusst zu genießen.

Gehen Sie also ans Werk und erkunden Sie Ihren spirituellen Almanach! Begeben Sie sich mit offenem Herzen und freiem Geist auf Ihre Reise. Beginnen Sie dort, wo Sie gerade sind, tun Sie, was Ihnen möglich ist, und denken Sie daran: Sie sind genug – jetzt schon!

Januar

**In den kurzen, dunklen Januartagen
kehrt in der Natur tiefe Stille ein.
Ein zyklischer Rhythmus sorgt dafür,
dass Bäume, Pflanzen und Tiere sich
zur Ruhe begeben.**

Dennoch steigen wir nur selten aus der Tretmühle
des Lebens aus. In unserer geschäftigen, gewinn-
süchtigen Kultur wird Ruhe nicht geschätzt,
und so machen wir trotz Erschöpfung immer
weiter. Was die Bäume befolgen, wir aber
scheinbar vergessen haben, ist, dass Ruhe
eines der produktivsten Dinge ist, denen
wir nachgehen können.

Wenn wir uns in Einklang mit dem
Rhythmus der ruhigeren, kürzeren Wintertage
bewegen würden, hätten vielleicht auch wir
mehr Energie, um im Frühling aufzublühen.
Unser Thema für diesen Monat lautet: Ruhe.

„Wir müssen daran arbeiten,
uns von Erschöpfung
als Statussymbol und
von Produktivität
als Selbstwertgefühl
zu verabschieden."

BRENÉ BROWN
US-AMERIKANISCHE PROFESSORIN,
DOZENTIN UND AUTORIN

Erzählung

DIE GESCHICHTE VON ZWEI HOLZFÄLLERN

Einst lieferten sich zwei Holzfäller einen freundschaftlichen Wettkampf, um zu sehen, wer an einem Tag die meisten Bäume fällen konnte. In der Morgendämmerung machten sie sich an die Arbeit und reckten ihre Äxte in die aufgehende Sonne, um die ersten Bäume zu fällen. Als die Sonne höher stieg, konnte jeder das rhythmische Geräusch des anderen hören, wie er weiter entfernt Bäume fällte. Nach etwa einer Stunde hörte einer der Holzfäller, dass der andere nicht weiterhackte. Verdutzt, aber beflügelt durch den Gedanken, dass der Rivale sich ausruhte, arbeitete er nun härter und strengte sich mehr an. Nach ein paar Minuten hörte er, wie sein Freund seine Arbeit wieder aufnahm. Eine weitere Stunde verging, und er bemerkte erneut, dass das Hacken aufgehört hatte. Obwohl er allmählich erschöpft war, machte er weiter, denn er war überzeugt, dass dies bedeutete, er würde als Sieger gefeiert werden. Er hackte weiter und weiter, auch unter Schmerzen. Jedes Mal, wenn er hörte, dass sein Rivale aufhörte und wieder anfing, wurde er zuversichtlicher und legte sich noch mehr ins Zeug. Als die Sonne unterging, war das Wetthacken zu Ende. Völlig erschöpft ging der Holzfäller zu seinem Freund und starrte ungläubig auf dessen Stapel Baumstämme: Er war fast doppelt so hoch wie seiner.

„Wie ist das möglich?", keuchte er. „Du hast immer wieder Pausen eingelegt, aber ich habe den ganzen Tag hart gearbeitet."

„Ja", erwiderte sein Freund, „aber ich habe aufgehört, um meine Axt zu schärfen."

Sterne, Mond, Sonne

Heidnischem Volksglauben zufolge ist der Januar das Tor zum neuen Jahr. Der Name „Januar" leitet sich vom römischen Gott des Neuanfangs, Janus, ab, der über alle Formen des Übergangs wacht. Der Januar steht für das Loslassen des Alten und für den Schritt über die Schwelle zum Neuen.

STERNE
STEINBOCK (21. DEZEMBER BIS 19. JANUAR) – ERDZEICHEN
Nach der griechischen Mythologie ist der Steinbock der Gott Pan, der halb Ziege, halb Mensch war. Pan galt als der Gott der Natur, der über die Wälder herrschte.

MOND
Der erste Vollmond des neuen Jahres wird oft als Wolfsmond bezeichnet. In der Antike haben die Stämme auf der gesamten Nordhalbkugel den Wechsel der Jahreszeiten am Mond, nicht an der Sonne abgelesen.

SONNE
Anfang Januar steht die Erde der Sonne am nächsten, etwa fünf Millionen Kilometer näher als im Juli.

Erde

KRISTALL: SELENIT

Selenit ist ein weißer oder farbloser Kristall, dem nachgesagt wird,
er habe die Kraft, andere Kristalle mit Energie aufzuladen, und er
ist einer der wenigen Kristalle, die sich nicht selbst wieder aufladen
müssen. Er ist ein Totem, das beim Meditieren für tiefe Ruhe und
Gelassenheit verwendet wird. Wenn Sie ihn in Ihre Tasche oder auf
den Schreibtisch legen, kann er Sie daran erinnern, präsent zu sein,
zu atmen und regelmäßig Pausen einzulegen.

SELENIT

Meditation	*Wirkt tief beruhigend*
Geistige Klarheit	*Erweitert das Bewusstsein*
Beseitigt negative Einstellungen	*Erkenntnis*
Innerer Frieden	*Wiederaufladung anderer Steine mit Energie*

JANUARBLUME: SCHNEEGLÖCKCHEN (*GALANTHUS*)

Das Schneeglöckchen ist in Europa und Südwestasien beheimatet,
teilweise auch im Osten Nordamerikas zu finden. In der nördlichen
Hemisphäre zeigt es im Januar seine ersten Blüten und blüht bis
in den März hinein; es gilt als Symbol für Reinheit und Hoffnung
und steht für den nahenden Frühling. Der Anblick dieser weißen
Blütendecken in schlummernden Wäldern ist eine Freude, und
der britische National Trust schreibt: „Trotz der Kälte gedeihen
diese robusten kleinen Blumen im Januar überall auf Weiden, in
Wäldern, in Gräben und Obstgärten."

ÄTHERISCHES ÖL: LAVENDEL

Das ätherische Öl, das man am ehesten mit Entspannung
assoziiert, ist Lavendel, und das zu Recht: Es kann Angstzustände
lindern, wirkt gegen Schlaflosigkeit und trägt zur Entspannung bei.

Affirmationen

Wenn es darum geht, uns etwas Ruhe zu gönnen, sind wir uns oft selbst das größte Hindernis. Wir reden uns ein, wir hätten nicht genug Zeit oder es gäbe wichtigere Dinge zu tun, oder wir haben ein schlechtes Gewissen, weil wir uns ausruhen.

Ein Sprichwort sagt: „Aus einem leeren Becher kann man nichts einschenken." Um anderen helfen zu können und so präsent und tatkräftig wie möglich für Familie, Freunde und Arbeit da zu sein, müssen Sie neue Energie tanken.

Unser Selbstwertgefühl ist oft an Erfolge und Leistungen gekoppelt. Ähnlich wie der Holzfäller in der Geschichte arbeiten wir ohne Pause und gaukeln uns vor, produktiv zu sein und etwas zu erreichen. Aber in der Praxis wissen die meisten von uns, wie schlecht es sich anfühlt, wenn wir bis an unsere Grenzen kommen.

Sich selbst zu erlauben, sich auszuruhen, und sich positiver Bekräftigungen (Affirmationen) zu bedienen, um sich klarzumachen, dass man auch jetzt schon genug ist, ist ein guter Anfang.

Wiederholen Sie die folgenden Affirmationen –
sei es im Stillen, schriftlich in einem Notizbuch, laut
sprechend oder auf einen Klebezettel geschrieben,
um sich in diesem Monat daran zu erinnern:

„Ich gönne mir, mich auszuruhen."
„So, wie ich bin, bin ich genug – schon jetzt."
„Ich ehre meinen Körper, meinen Geist und mein
Herz durch tiefe Ruhe und Nahrung."

Und hier ist eine Affirmation für die Zeit
vor dem Schlafengehen:

„Ich lasse den Tag ziehen, vergebe mir selbst und
denjenigen, die mich vor Herausforderungen gestellt haben,
und nehme mir vor, tief zu ruhen."

Meditation

BODYSCAN ALS MEDITATIONSTECHNIK FÜR TIEFENENTSPANNUNG

Die Verbindung zwischen Körper und Geist ist unbestreitbar. Wenn wir gestresst oder ängstlich sind oder von Gefühlen übermannt werden, spürt das unser Körper.

Überlegen Sie kurz: Knirschen Sie mit den Zähnen? Verspannen sich Ihre Schultern beim Arbeiten? Ballen Sie mitten in der Nacht die Fäuste, wenn Sie um den Schlaf kämpfen?

Eine Bodyscan-Meditation kann jederzeit durchgeführt werden – während Sie Schlange stehen, am Computer sitzen, beim Abendessen. Seien Sie einfach achtsam mit Ihrem Körper, spüren Sie, ob Sie eine Spannung in sich tragen, und sinken Sie dann in die Entspannung. Oder machen Sie das mit geschlossenen Augen in einer tieferen Meditation:

1. Atmen Sie tief ein und spüren Sie, wie sich Ihr Körper anfühlt.

2. Richten Sie Ihre Achtsamkeit auf die oberste Stelle Ihres Kopfes. Stellen Sie sich vor, wie diese Achtsamkeit sich von dort hinunter über Stirn, Gesicht und Mund ergießt, entspannen Sie dabei die Muskeln und spüren Sie, wie sie weicher werden.

3. Richten Sie die Achtsamkeit auf den oberen Rücken. Lassen Sie, wenn Sie liegen, den Kopf etwas tiefer ins Kissen sinken; wenn Sie sitzen, neigen Sie das Kinn etwas nach unten, um Spannungen im Nacken zu lösen.

4. Lassen Sie das beruhigende Gefühl der Achtsamkeit durch ihren Hals, über die Schultern und die Arme bis zu Ihren Händen fließen.

5. Lassen Sie die Achtsamkeit langsam die Wirbelsäule hinabfließen und entspannen Sie dabei Bauch und Beine, bis hinab zu den Zehen.

6. Atmen Sie nochmals tief ein und stellen Sie sich vor, wie der Atem alle im Körper verbliebenen Spannungen aufnimmt und sie beim Ausatmen freilässt. Bleiben Sie möglichst lange in dieser Position.

Bewegung

LANGSAMER FLOW

Yin-Yoga ist eine langsamere, eher meditative Abfolge von
Körperhaltungen (Asanas), wobei jede Stellung 3–5 Minuten
gehalten wird. Es ist eine die Seele nährende und erdende Praxis,
die dazu beiträgt, Geist und Körper zu beruhigen sowie Stress und
Ängste abzubauen.

SO GEHT'S

Nehmen Sie Ihre Yogamatte, ein Yoga-Bolster (oder
drei, vier große Kissen) und einige Decken. Rollen
Sie Ihre Matte aus und nehmen Sie nacheinander
die folgenden Haltungen ein, in denen Sie jeweils
etwa 3 Minuten bleiben. Lassen Sie ein beruhigendes,
3–4 Minuten langes Musikstück laufen, und stellen
Sie es auf Wiederholung ein, sodass es als friedlicher
Zeitmesser dient.

Gestützte Kindhaltung
(*Salamba Balasana*)

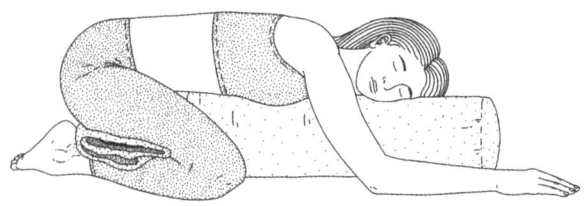

Das Yoga-Bolster längs auf die Matte legen (oder die Kissen
entlang der Mitte der Matte stapeln). Im Knien prüfen, ob es nicht
bequemer wäre, eine Decke unter die Oberschenkel zu legen. Mit

weit gespreizten Knien nach vorne beugen und die Kindhaltung einnehmen, wobei Bauch, Brust und Kopf (zur Seite gedreht) gänzlich durch Bolster oder Kissen gestützt werden. Eine Decke zwischen Waden und Oberschenkeln oder über den Körper macht es Ihnen noch bequemer. Ein paarmal tief einatmen und sich ganz der Haltung hingeben. Die Stellung etwa 3 Minuten halten.

Dieselbe Haltung mit dem Kopf in die andere Richtung
Den Kopf sachte anheben und drehen, sodass er zur anderen Seite gerichtet auf dem Kissen ruht. Die Pose erneut 3 Minuten halten.

Gestützter Fisch
(*Matsyasana*)

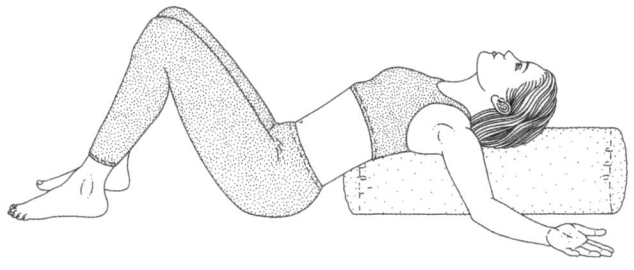

Aus der obigen Haltung sachte herausgelangen, indem Sie sich hin-knien und in die andere Richtung drehen; das Bolster ist nun hinter Ihnen. Langsam zurücklehnen, sodass Sie vom unteren Rücken bis zum Nacken und Kopf auf dem Bolster liegen. Sie können eine Decke unter Ihren Nacken oder Kopf legen. Die Arme zu beiden Seiten ausstrecken, sodass Ihr Körper ein „T" bildet. Sie sollten sich ganz gestützt fühlen und sich in die Haltung hineinfallen lassen können. Wenn nicht, die Stellung entsprechend anpassen, bevor Sie die Haltung schließlich einnehmen und 3 Minuten lang darin bleiben.

Ritual

NÄCHTLICHES RITUAL FÜR EINEN TIEFEN SCHLAF

Schlechter oder unterbrochener Schlaf wirkt sich schädlich auf unsere geistige Gesundheit und unser Wohlbefinden aus. Matthew Walker, Autor des Bestsellers *Das große Buch vom Schlaf* (2018), sagt, dass „eine gute Nachtruhe Depressionen abbaut, das Gedächtnis sowie die Fähigkeit, Probleme zu lösen, verbessert und das Immunsystem stärkt".

Wenn wir unsere abendliche Routine ganz bewusst gestalten, indem wir ein Ritual schaffen – eine sich wiederholende Abfolge von Handlungen, die wir jeden Tag bewusst ausführen –, haben wir die beste Chance, in einen friedlichen Nachtschlaf zu finden. Denken Sie sich ein nächtliches Ritual aus und praktizieren Sie es in diesem Monat jeden Abend vor dem Schlafengehen. Zum Beispiel:

Handy/Bildschirme: Etablieren Sie die Regel „Kein Telefon im Schlafzimmer" (kaufen Sie notfalls einen billigen Wecker). Oder stellen Sie Ihr Telefon mindestens eine Stunde vor dem Schlafengehen auf Flugmodus und schalten Sie alle Bildschirme aus.

Licht: Das Licht einige Stunden vor dem Schlafengehen dimmen; Ihr Körper richtet sich nach einer inneren Uhr. Wenn es dunkel wird, produziert der Körper Melatonin, ein Hormon, das den Schlaf einleitet. Daher schlafen wir auch in den dunkleren Wintermonaten mehr.

Meditation: Sobald Ihr Telefon ausgeschaltet und das Licht gedimmt ist, sollten Sie kurz meditieren, um den Kopf frei zu bekommen. Legen Sie sich einen Notizblock ans Bett:

Notizen: Notieren Sie sich alles, was Ihnen durch den Kopf geht, bevor Sie ins Bett gehen. Wenn Sie nachts aufwachen, weil Sie zu viel nachgedacht haben, können Sie auch diese Gedanken auf dem Block notieren, sodass Sie leichter wieder einschlafen können.

Düfte: Verwenden Sie jeden Abend vor dem Schlafengehen ätherisches Lavendelöl.

Warmes Wasser: Untersuchungen legen nahe, dass ein warmes Bad oder eine warme Dusche vor dem Schlafengehen das Einschlafen erleichtert.

Selbstfürsorge

Regelmäßige Massagen verbessern nachweislich die Schlafqualität und Entspannung und bieten weitere gesundheitliche Vorteile. Eine regelmäßige fachmännische Massage fühlt sich göttlich an und pflegt den Körper, aber auch eine Selbstmassage ist effektiv. Nehmen Sie sich in diesem Monat mindestens einmal pro Woche, wenn nicht öfter, die Zeit, eine oder alle der folgenden Selbstmassagetechniken durchzuführen.

FUSS- UND UNTERSCHENKELMASSAGE

Ein Massageöl oder eine Körperlotion verwenden und jeden Fuß abwechselnd mit beiden Händen halten. Beide Daumen in die Mitte der Fußsohle platzieren, direkt unterhalb des Ballens, und diesen sachte massieren – auch zwischen den Zehen, dann entlang des Fußrückens, der Fußsohle, der Knöchel und der Unterschenkel.

SCHULTERN UND NACKEN

Einen erbsengroßen Tropfen Massageöl oder Körperlotion zwischen den Handflächen verreiben und beide Hände auf den Nacken legen, wobei die Fingerspitzen in die Schädelbasis am oberen Hals drücken. Arbeiten Sie sich den Nacken hinunter, indem Sie nacheinander die Seiten des Halses und beide Schultern behandeln.

GESICHT UND KOPF

Die Handflächen – mit oder ohne Öl – vor die Augen legen und den Kopf für 1 oder 2 Sekunden nach vorne neigen, bevor Sie die Finger in den Haaransatz drücken und dann über die Kopfhaut fahren, die Seiten und die Rückseite der Kopfhaut massieren und sanft an den Haaren ziehen. Die Stirn glätten und dann die Schläfen, die Wangen und den Kiefer massieren.

Rezepte und Getränke

KAMILLENTEE

Die Kamille ist in der Regel erst in den Sommermonaten
erntereif. Dann können Sie Tee aus frischen Kamillenblüten
zubereiten oder die Blüten ernten und für später trocknen. Losen
Kamillentee von guter Qualität können Sie aber in den meisten
Naturkostläden kaufen und ihn so das ganze Jahr über genießen,
denn er ist sehr vorteilhaft für Ihre Entspannung: Er ist reich an
Antioxidantien, schlaf- und verdauungsfördernd und verringert das
Krankheitsrisiko. Nehmen Sie pro Tasse kochendes Wasser
1 Esslöffel losen Tee.

GEMÜSE DER SAISON:

Rote Bete, Rosenkohl, Lauch, Spinat,
Artischocke, Pastinake, Steckrübe, Grünkohl

LAUCH-RÜBEN-GRATIN
FÜR 4 PERSONEN

ZUTATEN

4 Knoblauchzehen, gehackt	1 kleines Bund Rosmarin und Thymian, fein gehackt
1 EL Kokosnussöl	
2 große Lauchstangen, in Scheiben geschnitten	3 Lorbeerblätter
	Salz und schwarzer Pfeffer
400 g Cashewcreme	4 große Rote Bete, in Scheiben geschnitten
2 EL körniger Senf	
40 g gekochte rote Linsen	2 EL Semmelbrösel

ZUBEREITUNG

1. Den Backofen auf 200 °C vorheizen.

2. Den Knoblauch in etwas Kokosnussöl 1 Minute anbraten.

3. Den Lauch hinzufügen und 2 Minuten mitbraten.

4. Cashewcreme, Senf, Linsen, Kräuter und Lorbeerblätter in die Pfanne geben. Gut vermischen und weitere 2 Minuten braten, dann die Lorbeerblätter herausnehmen. Abschmecken.

5. Die Rote-Bete-Scheiben und die Lauchmischung in eine Auflaufform geben, die Lauchmischung sollte oben liegen. Die Auflaufform mit einem Deckel oder Folie abdecken und das Ganze 40 Minuten im Ofen garen.

6. Deckel oder Folie abnehmen, den Auflauf mit Semmelbröseln bestreuen und weitere 10 Minuten backen.

7. Sofort servieren.

Das Glück weitergeben

Freundlichkeit erzeugt Freundlichkeit, und sie gibt einem ein gutes Gefühl. Hier ist also Ihre „Ich-tue-jemandem-etwas-Gutes"-Aufgabe für den Januar!

Gehen Sie an einem kalten Januartag mit einem Buch oder einer Zeitschrift in Ihr Lieblingscafé. Machen Sie es sich mit einem Kaffee bequem und verbringen Sie ein paar Momente allein, um einfach nur bei sich zu sein.

Wenn Sie schon einmal dort sind, kaufen Sie auch einem Fremden ein Heißgetränk – entweder für die nächste Person in der Schlange, oder Sie bitten den/die Barista, das Getränk einer Person seiner/ihrer Wahl zu geben. Vielleicht möchten Sie einem Obdachlosen oder einer Person, die draußen in der Kälte arbeitet, z. B. jemandem, der für einen Wohltätigkeitsverein sammelt, einen Kaffee spendieren. Wenn Sie kein Geld ausgeben möchten oder können, bereiten Sie zu Hause eine Thermosflasche mit etwas Warmem und Leckerem vor, nehmen einen wiederverwendbaren Becher oder recycelten Pappbecher und erfreuen Ihre Kolleg*innen auf der Arbeit damit!

Umweltbewusst handeln

Im Lauf des Jahres werden wir verschiedene Möglichkeiten erkunden, unsere Gewohnheiten zu ändern und unseren Konsum zu überdenken, damit wir unserem Heimatplaneten bestmöglich zur Seite stehen können.

Um Sie in Ihrem Ruhemonat darauf einzustimmen, betrachten wir für den Anfang diese vier einfachen Vorschläge zum Thema Sparen:

WASSER KOCHEN
Wenn Sie nur so viel Wasser kochen, wie Sie tatsächlich benötigen, anstatt den Wasserkocher immer vollzumachen, senken Sie den Energieverbrauch und sparen gleichzeitig bei Ihrer Stromrechnung.

WIEDERVERWENDBARE KAFFEEBECHER
Schätzungsweise werden weltweit jedes Jahr etwa 16 Milliarden Einweg-Kaffeebecher verwendet, von denen die meisten direkt auf der Mülldeponie landen. Auf einen wiederverwendbaren Kaffeebecher umzusteigen ist einfach und kostengünstig, da die meisten Cafés einen Rabatt gewähren, wenn Sie Ihren eigenen Becher mitbringen.

URLAUB IM EIGENEN LAND
Der erste Samstag im Januar wird in Großbritannien „Sunshine Saturday" (Sonnenschein-Samstag) genannt, weil an diesem Tag mehr als doppelt so viele Urlaube gebucht werden wie an anderen Tagen des Jahres. Covid-19 sorgte jedoch häufig dafür, dass Reisepläne über den Haufen geworfen wurden und viele Menschen stattdessen einen Urlaub in ihrem Heimatland machten. Warum verbringen Sie nicht auch in Zukunft den Urlaub in Ihrer Heimat, statt zu fliegen? So verringern Sie Ihren ökologischen Fußabdruck und könnten dabei auch noch Geld sparen.

ZU LED-LAMPEN WECHSELN
Laut der Internationalen Energieagentur entfallen 20 Prozent des weltweiten Stromverbrauchs auf die Beleuchtung. Wenn Sie das Licht abends dimmen, sollten Sie auch darauf achten, dass Sie das Licht ausschalten, wenn Sie nicht im Raum sind, und auf energieeffizientere Glühbirnen, z. B. LEDs, umsteigen.

Kreativität

> *Kreativ zu sein baut Stress ab, fördert die*
> *Selbstwahrnehmung und -entfaltung und lässt uns*
> *in einen Flow kommen, in dem wir uns ganz auf*
> *den gegenwärtigen Moment einlassen. Kreativität*
> *bereitet uns zudem viel Freude und gibt uns*
> *Freiraum zum Spielen.*

Im ruhigen Januar denken wir über das vor uns liegende Jahr und über all das nach, was wir auf uns zukommen lassen möchten. Vorsätze zu fassen ist fast so, als stellten wir die Startblöcke in die Richtung auf, die wir einschlagen wollen. Unsere Kraft und Energie stecken wir in das, worauf wir uns konzentrieren, das heißt: Auf was auch immer wir unseren Fokus legen – wir holen mehr heraus, als wir hineinstecken.

Vision Boards („Zielcollagen") wurden nach der Veröffentlichung des weltweit bekannten Buches *The Secret – Das Geheimnis* von Rhonda Byrne im Jahr 2006/07 populär. Die Idee ist, eine Collage aus Bildern und Gegenständen zu erstellen, die unsere Vorsätze, Träume und Wünsche für das anstehende Jahr darstellt. Achten Sie darauf, dass der Schwerpunkt Ihres Vision Boards darauf liegt, wie Sie sich fühlen möchten, und nicht nur auf materiellen Dingen, die Sie gerne hätten. Und glauben Sie bei der Gestaltung der Collage fest daran, dass Sie alles, was sich darauf befindet, auch wirklich zum Leben erwecken werden. Also toben Sie sich aus!

ausgeschnittene Bilder aus Zeitschriften, Zeitungen, Broschüren

aus dem Internet ausgedruckte Bilder

Klebstift

Schere

einen A4- oder A3-Kartonbogen

Postkarten, Mitteilungen von Freunden, Fotos – alles, was Ihnen etwas bedeutet oder für das steht, worauf Sie sich in diesem Jahr stärker konzentrieren wollen

Für die Gestaltung Ihres Vision Boards ordnen Sie Ihre Bilder auf dem Karton so an, wie es Ihnen gefällt. Sobald Sie mit dem Layout zufrieden sind, kleben Sie alles fest! Hängen Sie es dort auf, wo Sie es regelmäßig sehen, z. B. im Schlafzimmer oder Büro. Sie haben nun Ihren Wünschen Gestalt gegeben, sie „ausgesetzt" – sehen Sie nun zu, wie sie sich entfalten!

JANUAR

Verbundenheit

Ausruhen bedeutet, sich in ein Grundvertrauen hinein entspannen zu können. Wir haben uns in diesem Kapitel auf körperlicher, emotionaler und psychologischer Ebene damit beschäftigt. Um sich auf die Idee des Hineinfallenlassens in das Grundvertrauen auf einer tieferen, spirituelleren Ebene einzulassen, kann es hilfreich sein, auf die Kraft der Gegenwart und der Entfaltung der Dinge zu vertrauen.

So wie der Baum im Winter ungezwungen ruht, müssen auch wir Zeit finden, auf einer tieferen Ebene zu ruhen. Die Lebenskraft, die durch Sie hindurchfließt, strömt auch durch den ruhenden Baum. In tiefer Ruhe bewegen wir uns von unserem Kopf zu unserem Herzen. Durch diese tiefere Verbundenheit können wir wesentlich besser auf unsere Intuition hören, ihr folgen und uns im Alltag entspannter und freier bewegen.

So sehr wir es auch versuchen mögen: Wir können nicht alles steuern. Das Einzige, das wir wirklich beeinflussen können, ist die Art und Weise, wie wir auf das Leben reagieren, wenn es voranschreitet und verschiedene Formen annimmt, sowie unsere Einstellung auf dieser Reise.

Wenn wir uns ganz im Hier und Jetzt verankern, sind wir frei von den Erinnerungen an die Vergangenheit und frei von der Zukunft, die noch vor uns liegt und bisher nur eine Vorstellung ist. Alles, was wirklich ist und zählt, ist dieser Moment. Wenn wir voll und ganz in der Gegenwart ruhen, merken wir, dass wir stets einen Halt haben.

Auf tiefster Ebene zu ruhen bedeutet, die Kontrolle aus der Hand zu geben. Dadurch können wir uns wieder mit unserem Herzen, unserer Intuition in Einklang bringen und eine Energie oder Lebenskraft anzapfen, die wesentlich größer ist als wir allein. Wenn wir uns dieser inneren Unterstützung ganz hingeben, sei es durch Achtsamkeit, Meditation, Tagebuchschreiben oder einfach nur durch ein paar lange, tiefe und lebensbejahende Atemzüge, tritt ganz natürlich eine tiefe Ruhe ein.

Tagebuch

Beim Schreiben von Tagebüchern lassen Sie Ihren Gedankenfluss völlig unkorrigiert aufs Papier fließen, als Form der Selbstwahrnehmung und inneren Verbindung. Denken Sie über jede der folgenden Fragen nach und drücken Sie Ihre Gefühle und Gedanken mit dem Stift aus. Es gibt kein Richtig oder Falsch, es geht allein darum, sich auszudrücken. Stehen Sie sich also nicht selbst im Weg, sondern lassen Sie den Stift die ganze Arbeit machen!

MEINE IDEALE ERHOLUNG

Gönne ich mir regelmäßig eine Pause?
Was bedeutet Ausruhen für mich?

Wie denke ich über das Ausruhen?

Welche Vorsätze habe ich für das Jahr gefasst,
um Arbeit, Freizeit und Erholung ins Gleichgewicht zu bringen – und wie kann ich mich
daran erinnern, das auch beizubehalten?

MEINE VORSÄTZE FÜR DAS NEUE JAHR

Was sind meine Vorsätze für dieses neue Jahr?
Worauf kann ich mich hoffentlich mehr
konzentrieren?

Was für ein Gefühl wäre es, so zu sein wie diese
Dinge, sie zu besitzen oder sie zu tun?

Was hindert mich daran, heute so zu sein wie
diese Dinge, sie zu besitzen oder sie zu tun?

Welchen kleinen Schritt kann ich heute machen,
um mich meinen Vorsätzen anzunähern?

JANUAR

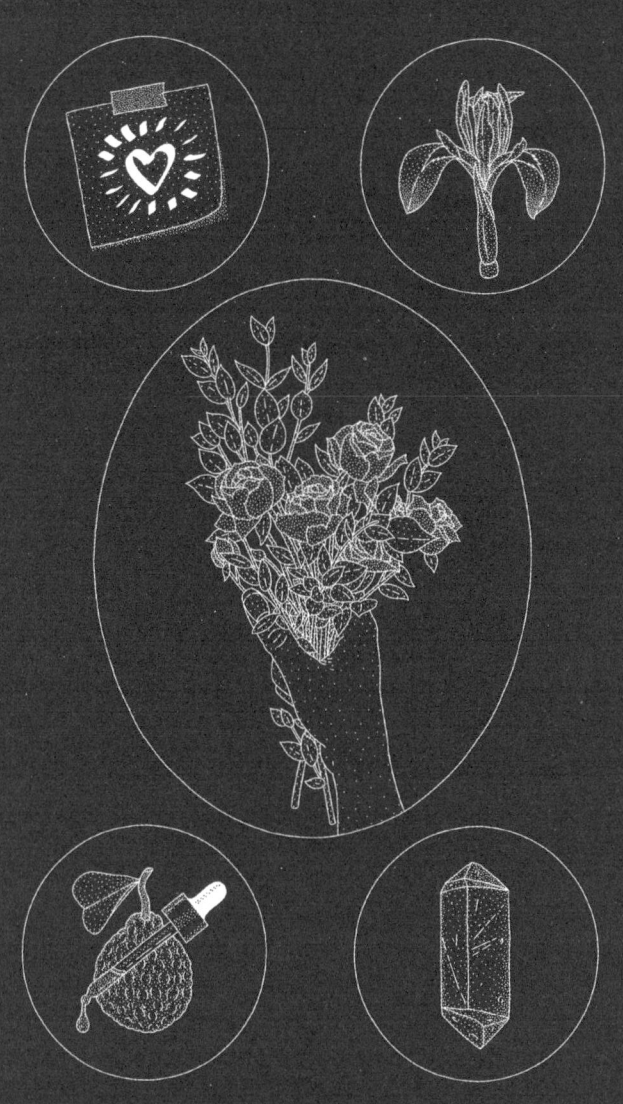

Februar

Selbstliebe bedeutet, auf das eigene Wohlbefinden zu achten und es zu pflegen, sich
selbst mit der Hochachtung, Liebe und
Zuwendung zu behandeln, die man anderen
entgegenbringt, und die authentischste
Version von sich selbst zu sein. Letztlich
bedeutet es, sich selbst als einzigartiges
menschliches Wesen zu akzeptieren
und wertzuschätzen.

Selbstliebe meint nicht, dass Sie sich für
etwas Besseres halten, sondern einfach, dass Sie
respektvoll mit sich umgehen, liebevoll zu sich
selbst sprechen und daran festhalten, in erster
Linie Ihren Geist und Körper sowie Ihre
spirituelle Entwicklung zu fördern.

In diesem Monat geht es darum, wieder die
Verbindung mit dem Fundament unzerstörbarer
Liebe in Ihrem Inneren zu suchen und diese Liebe
aus sich herausfließen zu lassen. Unser Thema
für diesen Monat lautet daher: Selbstliebe.

„Deine Aufgabe ist es nicht, die Liebe zu suchen, sondern alle Schranken, die du gegen sie in deinem Innern errichtet hast."

RUMI
PERSISCHER DICHTER,
GELEHRTER UND THEOLOGE
AUS DEM 13. JAHRHUNDERT

Erzählung

ZWEI WÖLFE

Eines Abends, unter einem Himmel voller Sterne, saß ein Ältester der Cherokee mit seinem Enkel am Feuer und erzählte ihm Geschichten und Weisheiten, die ihm sein Großvater überliefert hatte. Er sprach von einem Kampf, der sich in den meisten Menschen abspielt.

„Der Kampf findet zwischen zwei Wölfen in uns allen statt", sagte er zu seinem Enkel.

„Einer der Wölfe ist die Angst. Er ist Zorn, Eifersucht, Gier, Reue, Neid, Verdruss, Arroganz, Selbstmitleid, Schuld, Groll, Minderwertigkeit, Unwahrheiten, Stolz, Überlegenheit und das Ego. Der andere ist die Liebe. Er ist Güte, Freude, Frieden, Präsenz, Hoffnung, Ruhe, Demut, Einfühlungsvermögen, Großzügigkeit, Wahrheit, Mitgefühl und Vertrauen."

Der Junge dachte eine Minute lang über die Worte seines Großvaters nach, bevor er fragte: „Großvater, welcher der beiden Wölfe gewinnt?"

„Derjenige, den du fütterst", antwortete der alte Mann.

Sterne, Mond, Sonne

Der Februar, benannt nach dem lateinischen Wort *februa*, das im Römischen Reich ein Sühne- und Reinigungsfest bezeichnete, ist der letzte Monat des Winters und der kürzeste des Jahres; in jüngerer Zeit wird er in der westlichen Welt mit der Kommerzialisierung des Valentinstags in Verbindung gebracht.

Zahlreiche heidnische, römische und religiöse Feste sowie Heilige und Götter, die mit dem Februar assoziiert werden, beziehen sich auf Themen wie Läuterung, Säuberung und Fruchtbarkeit.

Die Tradition, den Valentinstag zum Anlass für Liebeserklärungen zu nehmen, begann im 14. Jahrhundert dank des heiligen Valentinus, den Geoffrey Chaucer in einem Gedicht beschreibt. Das heutige symbolische Verschenken von Blumen und Präsenten an geliebte Menschen könnte als Widerspiegelung der Geschenke der Natur gesehen werden, die uns mit dem Einzug des Frühlings angeboten werden.

STERNE
WASSERMANN (20. JANUAR BIS 18. FEBRUAR) – LUFTZEICHEN
Dieses Zeichen wird durch einen Wasserträger dargestellt, der Wasser und damit Leben in die Erde gießt. Am Nachthimmel leuchtet, im Februar deutlich sichtbar, das Sternbild Orion, mit etwas Fantasie die Form eines Mannes. Zwei Hunde, die Sternbilder Canis Major und Canis Minor, begleiten ihn treu über den Winterhimmel bis in den Frühling hinein.

MOND
Der Vollmond im Februar wird auch als Schnee- oder Hungermond bezeichnet. Alle 19 Jahre gibt es im Februar überhaupt keinen Vollmond, ein Phänomen, das als Schwarzer Mond bekannt ist. In jenen Jahren haben Januar oder März dafür zwei Vollmonde.

SONNE
Alle vier Jahre findet mit einem zusätzlichen Tag im Februar ein Schaltjahr statt, um das Kalender- mit dem Sonnenjahr in Einklang zu bringen, also der Zeit, die die Erde braucht, um ihre Umlaufbahn um die Sonne zu vollenden.

Erde

KRISTALL: ROSENQUARZ

Rosenquarz ist ein Stein des tiefen inneren Friedens und der universellen Liebe. Er soll helfen, negative Emotionen loszuwerden und uns mit energiegeladenen Schwingungen zu erfüllen. Er trägt zur Öffnung des Herzens bei, sodass die reine Liebe mühelos gegeben und empfangen werden kann. Rosenquarz hat eine zartrosa Farbe und kommt in Indien, Madagaskar, Deutschland und den USA vor.

ROSENQUARZ

Selbstliebe	*Vertreibt negative Energie*
Reinheit	*Baut Stress ab*
Universelle Liebe	*Fördert das Empfangen von Liebe*
Emotionale Heilung	
Freundschaft	

FEBRUARBLUME: KRETISCHE SCHWERTLILIE
(*IRIS UNGUICULARIS*)

Sie ist auf der nördlichen Halbkugel beheimatet und in großer Zahl in Asien, Europa und Nordamerika zu finden. Die Schwertlilie symbolisiert Hoffnung, Glauben, Reinheit und Weisheit. Die Lilie – es gibt über 280 Arten – blüht im Februar mit gelben, blauen, violetten oder weißen Blüten.

ÄTHERISCHES ÖL: BERGAMOTTE

Bergamotte hat ein zitrusartiges Aroma, das auch verwendet wird, um Earl-Grey-Tee zu aromatisieren. Sie wirkt stimmungsaufhellend und beruhigend und wird in der ayurvedischen Tradition sowie einigen italienischen Verfahren zur Reinigung, als Antiseptikum zur Behandlung von Hautkrankheiten und bei Verdauungsproblemen oder Parasiten eingesetzt.

Affirmationen

Wir alle kennen sie – die negativen Selbstgespräche. Wie die Erzählung auf Seite 33 andeutet, steckt in uns allen ein ängstlicher Wolf, die Stimme des Egos. Eine Stimme, die uns sagt, dass wir etwas nicht schaffen können, dass wir nicht gut genug oder einer bestimmten Sache nicht würdig sind. Das macht uns aber nicht zu schlechten, falschen oder gebrochenen Menschen, denn wir alle haben eine Beziehung zu dieser unserer Ego-Stimme. Aber wir alle haben auch den gütigen und vergebenden Wolf in uns.

Selbstliebe und Mitgefühl zu entwickeln beginnt an der Stelle, an der Sie merken, dass Ihr Ego die Kontrolle übernommen und Ihren Geist mit negativen Selbstgesprächen oder einschränkenden Behauptungen angefüllt hat. Wenn Sie sich dessen bewusst sind, können Sie sich für die Liebe entscheiden.

Das Ersetzen negativer Gedanken durch positive Affirmationen ist eine Möglichkeit, den gutmütigen Wolf zu füttern und die Akzeptanz des eigenen Selbst zu kultivieren.

Sagen Sie, während Sie sich im Spiegel in die Augen schauen, laut die folgenden Affirmationen auf:

„Jeder Tag ist der Beginn eines neuen Zyklus der positiven Einstellung und der Selbstwahrnehmung."

„Ich bin stolz darauf, wer ich bin."

„Ich vertraue mir. Ich vergebe mir selbst. Ich akzeptiere mich genau so, wie ich bin."

„Ich bin es wert, das schönste Leben zu führen und die größte Liebe zu spüren."

„Ich bin Liebe."

Meditation

MEDITATION DER BEDINGUNGSLOSEN LIEBE

1. Schließen Sie die Augen und atmen Sie dreimal lang und tief. Gestatten Sie Ihrem Körper mit jedem Ausatmen, sich zu beruhigen und zu entspannen.

2. Spüren Sie, wie die Luft durch die Nase strömt, während sich die Brust ausdehnt und zusammenzieht. Achten Sie bei jedem Einatmen darauf und entspannen Sie sich bei jedem Ausatmen.

3. Widmen Sie Ihre Aufmerksamkeit nun ganz Ihrem Herzen. Spüren Sie, welche Atmosphäre oder „Wetterlage" in diesem Moment in der Herzregion herrscht. Werden Sie eins mit dem Atem und stellen Sie sich vor, dass Sie mit jedem Einatmen neues Leben atmen, das schlechte „Wetter" im Herzen vertreiben und es mit dem Ausatmen aus dem Körper entlassen.

4. Versenken Sie sich noch etwas tiefer in Ihr Herz und stellen Sie sich ein Licht oder eine Flamme darin vor: das Licht der bedingungslosen Liebe in Ihrem Inneren. Das ist der Ort, an dem wir alle gleich sind und an dem wir uns alle treffen.

5. Lassen Sie sich von Ihrem Atem zurück zu Ihrem Herzen führen. Stellen Sie sich vor, dass jedes Einatmen dieses Licht und dieses Band mit Ihrem Herzen stärkt und dass jedes Ausatmen ein Loslassen ist.

6. Legen Sie eine Hand auf Ihr Herz und stellen Sie sich das Licht und den Raum vor, in dem Sie das Band mit Ihrem Herzen geknüpft haben. Flüstern Sie oder sagen Sie laut zu sich selbst: „Ich bin hier."

7. Spüren Sie, wie es sich anfühlt, sich selbst in dieser Liebe zu begegnen, und lassen Sie den Atem Ihr Anker sein, der sie in diesem Moment und dieser Verbindung verankert.

8. Beenden Sie Ihre Meditation mit einem langen, langsamen und tiefen Atemzug, der Sie mit Energie erfüllt.

Bewegung

MINIMALE VERÄNDERUNG DER KÖRPERHALTUNG

Wenn Sie Ihre Haltung nur ganz wenig verändern, indem Sie die Schultern nach hinten rollen, sodass Ihr Herz sich öffnet und nach vorne strahlt; wenn Sie in Ihr Herz hineinatmen oder sich das Licht in Ihrem Herzen und in denen anderer Menschen vorstellen, hilft Ihnen das, offen zu bleiben, sich ganz bei sich selbst zu fühlen, voller Mitgefühl und Liebe.

LOS GEHT'S

Üben Sie, tief in Ihr Herz zu atmen und stellen Sie sich vor, dass es wie ein Leuchtfeuer leuchtet, während Sie die unten stehende Yogafolge absolvieren und auch, während Sie achtsam durch Ihren Tag gehen.

Haltung der Göttin
(*Utkata Konasana*)

Breitbeinig hinstellen; die Füße sind 45 Grad nach außen gedreht. Die Arme weit zu beiden Seiten ausgestreckt halten, die Ellenbogen beugen, die Handflächen zeigen nach vorne. Die Hüften bleiben vorne und die Schultern locker. In die Hocke gehen und die Haltung der Göttin einnehmen.

Sphinx (*Salamba Bhujangasana*)
Die Hände zwischen den Füßen auf den Boden legen, mit dem
Gesicht nach unten flach auf den Boden legen. Die Unterarme
flach auf den Boden platzieren, sodass die Ellenbogen sich unter
den Schultern befinden; die Fingerspitzen zeigen nach vorne.
Oberkörper und Kopf sachte anheben, bis Sie eine leichte
Beugung im Rücken spüren.

Bogen (*Dhanurasana*)
Rücklings flach auf den Boden legen; die Arme liegen seitlich am
Körper. Die Knie beugen, um die Fersen nahe zum Po zu bringen.
Die Fußgelenke mit den Händen umgreifen und die Knie in einer
Linie mit den Hüften halten. Die Fersen vom Po wegziehen und
die Oberschenkel vom Boden abheben. Die Schulterblätter fest
zusammendrücken, während Sie die Brust herausstrecken; den
Blick sanft nach vorne richten.

Wild Thing
(*Camatkarasana*)

Im Unterarmstütz beginnen und den Po nach oben drücken, sodass
Sie sich im Herabschauenden Hund befinden. Ihr Gewicht auf
Hand und Fuß derselben Seite verlagern, bis Sie fast im Seitstütz
sind. Während des Einatmens die Hand in der Luft sanft nach
hinten fallen und den Fuß derselben Seite folgen lassen, sodass er
den Boden erreicht. Darauf achten, dass die Hüften angehoben
bleiben. Den Kopf nach hinten fallen lassen. Genießen Sie die
Dehnung.

Ritual

EIN ALTAR UND EIN TÄGLICHES VERSPRECHEN

Um die authentischste Version Ihrer selbst zu sein, ist es unerlässlich, sich selbst die gleiche Liebe, das gleiche Mitgefühl und die gleiche Güte entgegenzubringen wie anderen Menschen. Jemand anderem zu vertrauen oder einen Menschen zu lieben, setzt voraus, dass wir zuerst uns selbst vertrauen und lieben.

Wenn Sie sich selbst und Ihr Bekenntnis zu einem achtsameren Leben mit einem täglichen Ritual anerkennen, erinnert Sie das täglich daran, wieder auf Kurs zu kommen.

EINEN ALTAR GESTALTEN

Finden Sie in Ihrem Zuhause eine geeignete Stelle für Ihren Altar. Diesen können Sie ganz nach Belieben so gestalten, wie er für Sie funktioniert – vielleicht nur eine Kerze neben Ihrem Vision Board oder vielleicht eine gemütliche Ecke oder ein Fensterplatz, an dem Sie auch meditieren können.

Sammeln Sie alle Gegenstände, die Sie mit Liebe und Verbundenheit assoziieren oder die Sie daran erinnern. Das können zum Beispiel Kristalle, Federn, Dinge aus der Natur, Kerzen, Zitate, Zeichnungen und Fotos sein. Ordnen Sie sie rund um Ihre „Kultstätte" herum an. Der fertige Altar sollte ein herzerwärmendes Gefühl vermitteln und schön anzuschauen sein; Sie sollten sich gern dort aufhalten.

IHR TÄGLICHES VERSPRECHEN

Suchen Sie sich ein kurzes Gedicht oder ein Zitat aus, das Sie anspricht. Oder schreiben Sie selbst ein Gebet, das Sie täglich daran erinnert, liebevoll und freundlich mit sich selbst umzugehen und Ihnen vermittelt, sich selbst zu akzeptieren.

TRETEN SIE TÄGLICH VOR IHREN ALTAR

Stellen Sie sich in diesem Monat jeden Morgen, bevor Ihr Tag beginnt, vor Ihren Altar. Zünden Sie eine Kerze an, atmen Sie ein paarmal tief durch und wiederholen Sie Ihr tägliches Versprechen. Das dauert nur zwei Minuten und kann auch zusammen mit anderen Personen, die mit Ihnen leben, praktiziert werden, wenn es sich richtig anfühlt.

Selbstfürsorge

Selbstfürsorge steht oft in Zusammenhang mit dem Kultivieren eines Zustandes der Selbstliebe.

Jeden Morgen werden wir mit einem bestimmten Maß an Energie für den anstehenden Tag beschenkt. An manchen Tagen, nachdem wir uns seelisch ausgiebig erholt haben, fühlen wir uns aufgetankt und tatkräftig. An anderen Tagen haben wir weniger zu geben.

Selbstfürsorge bedeutet, die Verantwortung für uns selbst und unsere Entscheidungen zu übernehmen und dafür, wie wir uns wieder mit Energie versorgen. Indem wir uns um uns selbst kümmern, entwickeln wir Respekt für unsere eigene Person und können so auch anderen mehr geben. Dies führt zu einem tieferen Gefühl der Liebe zu uns selbst.

Hier sind ein paar Möglichkeiten, wie Sie für sich selbst sorgen können:

Behandeln Sie sich selbst wie einen Ehrengast, indem Sie die Räume, die Sie umgeben, sauber und ordentlich halten und eine Umgebung schaffen, die sich sicher und beruhigend anfühlt.

Kochen und tischen Sie das Essen so auf, als würden Sie für Ihren Lieblingsmenschen kochen, auch wenn es nur für Sie selbst ist.

Kaufen oder pflücken Sie Blumen für sich selbst.

Nehmen Sie Komplimente entgegen, indem Sie mit einem einfachen „Danke" antworten, statt sie abzuschwächen.

Nehmen Sie sich regelmäßig Zeit für sich selbst. Lesen Sie, spielen Sie, treffen Sie sich mit Freunden, schaffen Sie etwas, gehen Sie in der Natur spazieren – was auch immer wichtig und aufbauend für Sie ist.

Kümmern Sie sich um Ihre körperlichen Bedürfnisse.

Ziehen Sie klare und gesunde Grenzen in allen Ihren Beziehungen, ob bei der Arbeit, zu Hause oder in Ihrem Freundeskreis. Sagen Sie klar Ja (und nehmen Sie sich Zeit, wenn Sie etwas wirklich tun möchten) oder Nein (wenn Sie etwas nicht wirklich tun möchten, aber meinen, dass Sie es tun sollten). Kommunizieren Sie offen und ehrlich und erhalten Sie Ihre Grundsätze, was hinsichtlich Ihrer emotionalen, körperlichen oder vitalen Bedürfnisse akzeptabel ist und was nicht, aufrecht.

Rezepte und Getränke

GEMÜSE DER SAISON:

Kartoffel, Pastinake, Rote Bete, Artischocke, Lauch, Winterkohl, Grünkohl, Spinat, Rosenkohl

WÄRMENDES CURRY MIT KOKOSNUSS, SÜSSKARTOFFELN UND SPINAT
FÜR VIER PERSONEN

ZUTATEN

2 mittelgroße Süßkartoffeln	1 EL mildes Currypulver
2 EL Olivenöl	2 Dosen (je 400 ml) Kokosnussmilch
2 EL Kokosnussöl	1 Dose (400 g) gehackte Tomaten
2 große Zwiebeln, fein gehackt	Salz und schwarzer Pfeffer
4 Knoblauchzehen, fein gehackt	4 Handvoll Blattspinat
2 rote Chilischoten, fein gehackt (je nach Geschmack)	1 Dose (400 g) Kichererbsen
1 TL gemahlener Koriander	1 EL crunchy Erdnussbutter
1 TL Garam Masala	20 g frischer Koriander, gehackt
½ TL gemahlene Kurkuma	400 g brauner Reis
½ TL gemahlener Kreuzkümmel	1 EL Kokosraspel

ZUBEREITUNG

1. Die Süßkartoffeln in kleine Würfel schneiden, mit Olivenöl beträufeln und im vorgeheizten Backofen (180 °C) etwa 15 Minuten braten, bis sie außen goldbraun und innen weich sind.

2. Sobald die Kartoffeln im Ofen sind, das Kokosöl in einer großen Pfanne erhitzen und die Zwiebeln darin goldgelb anbraten.

③ Knoblauch und Chili hinzugeben und 1 Minute mitbraten.

④ Koriander, Garam Masala, Kurkuma, Kreuzkümmel und Currypulver hinzugeben und eine weitere Minute braten.

⑤ Die Kokosmilch einrühren und gut vermischen.

⑥ Sobald sich die Kokosmilch mit den Gewürzen verbunden hat, die Dosentomaten in die Pfanne geben. Mit Salz und Pfeffer würzen.

⑦ Die Mischung zum Kochen bringen, anschließend auf mittlerer Stufe köcheln lassen.

⑧ Die Kartoffeln zusammen mit dem Spinat und den Kichererbsen in das Curry geben.

⑨ Die Erdnussbutter und die Hälfte des frischen Korianders einrühren.

⑩ Die Pfanne abdecken und das Curry bei schwacher Hitze etwa 30 Minuten köcheln lassen, bis es schön dickflüssig ist, dabei gelegentlich umrühren.

⑪ In der Zwischenzeit den braunen Reis nach Packungsanweisung kochen.

⑫ Wenn der Reis gar ist, mit den Kokosraspeln und einer Prise Salz bestreuen und mischen.

⑬ Den restlichen Koriander zum Curry hinzugeben, bevor Sie es mit dem Reis servieren.

FEBRUAR

Das Glück weitergeben

LÄCHELN SIE!

Lächeln regt die Produktion von Endorphinen an. Wenn Sie glücklich sind, werden Endorphine freigesetzt und Nervensignale an das Gesicht gesendet, die den Muskeln befehlen, zu lächeln. Zeichnet sich ein Lächeln im Gesicht ab, wird wiederum ein Signal an das Gehirn zurückgesendet, das die Rückkopplungsschleife vervollständigt und das Belohnungssystem anregt, weitere Glückshormone zu produzieren.

Die Rückkopplung bedeutet, dass wir diese Kettenreaktion mit einem einfachen Lächeln in Gang setzen können. Wir alle wissen, dass Lächeln und Lachen ansteckend sind. Haben Sie schon einmal einen Autofahrer angelächelt, der im Wagen neben Ihnen laut gesungen hat? Oder mussten Sie mitlachen, wenn zwei Freunde sich über etwas amüsiert haben, obwohl Sie den Witz gar nicht mitbekommen haben?

Wenn wir die trüben Gesichter oder die schlechte Laune der anderen nicht persönlich nehmen, sondern ihnen stattdessen ein Lächeln schenken, fühlen wir uns nicht nur selbst besser, sondern es hebt vielleicht auch deren Stimmung und hellt ihren Tag auf.

Ich beende eine Meditation stets mit einem Lächeln – und es fühlt sich großartig an.

Lassen Sie uns also etwas Liebenswürdigkeit über unseren Planeten verbreiten und beginnen wir mit einem einfachen, freundlichen Lächeln.

Umweltbewusst handeln

Wenn wir uns achtsamer und liebevoller um uns selbst kümmern, müssen wir uns auch der Auswirkungen unserer Entscheidungen auf unseren Planeten bewusst sein.

Feuchttücher und Hygieneartikel bestehen hauptsächlich aus Plastik und kosten die Umweltbehörden und die Verbraucher jedes Jahr enorme Summen. Allein in Großbritannien werden jedes Jahr 11 Milliarden Feuchttücher verwendet, die zu 93 Prozent zur Verstopfung der Abwasserkanäle beitragen. Rund 50 Milliarden Wegwerf-Menstruationsartikel werden Jahr für Jahr allein in der EU verbraucht. Auch Behälter für Flüssigseife tragen erheblich zum Plastikmüll bei, und jedes Jahr werden in Deutschland Milliarden Plastikflaschen für Duschgel verwendet.

Dabei gibt es preiswertere und umweltfreundlichere Produkte, die nicht nur für Haut und Körper, sondern auch für unsere Erde gesünder sind. Die Verwendung von Waschlappen und waschbaren Gesichts-Pads ist zum Beispiel langfristig viel kostengünstiger und wesentlich besser für Ihre Haut als ein fertiges Feuchttuch.

Es gibt inzwischen ein wachsendes Angebot an umweltfreundlichen Periodenartikeln – kostengünstige Alternativen zu Einwegprodukten. Dazu gehören schicke, maschinenwaschbare Monatshöschen, wiederverwendbare Damenbinden und Menstruationstassen. Die anfängliche Investition in diese Artikel amortisiert sich schnell und lässt die Nutzerinnen nachhaltig Geld sparen.

Auch in Papier verpackte Seife und festes Shampoo sind ein guter Weg, um Plastikmüll zu verringern. Wenn wir unseren Körper liebevoller und sanfter pflegen, ist das oft auch umweltfreundlicher für unsere Erde.

Kreativität

KREATIV MIT KULI

Nehmen Sie ein Blatt Papier und schreiben, zeichnen, malen oder
skizzieren Sie, ohne zu urteilen, wie Sie sich gerade fühlen oder
was in Ihrem Herzen vorgeht. Es muss keinen Sinn ergeben oder
„richtig" sein; es dient nur dazu, Ihr wahres Ich – Ihre kreative
Energie – über die Hand auf das Blatt fließen zu lassen.

Um sich wirklich ohne Werturteil auszudrücken, könnten Sie,
wenn Sie fertig sind, das Papier in den Papierkorb werfen. Sie
werden dann feststellen, ob Sie sich dadurch befreiter ausgedrückt
haben.

Wenn Sie ein Gedicht, einen Text oder eine Geschichte
schreiben, versuchen Sie mal, nicht in einer geraden Linie zu
schreiben, sondern die Richtung einzuschlagen, in die Ihr Stift zu
fließen scheint.

Wenn Sie malen, verwenden Sie die Farben, die Sie ansprechen,
ohne Einschränkungen oder Regeln. Achten Sie auf das Resultat
ihrer „expressiven" Malerei: Ist es weich, niedlich, schrill oder
symmetrisch?

KÖRPERSPRACHE

Unsere Körpersprache sagt viel aus und kann manchmal den
Energiefluss oder die Beziehung zu den Menschen um uns herum
blockieren. Achten Sie auf Ihre Körpersprache. Sind Ihre Arme
oft verschränkt? Halten Sie sich die Hand vor den Mund?

Schauen Sie sich an, wie Sie sich selbst und Ihren Fluss an kreativer Energie ausdrücken oder zurückhalten. Können Sie sich bewusst öffnen oder offen bleiben, um eine stärkere Beziehung zwischen Ihnen und den Menschen oder der Natur einzugehen?

Neben Ihrer Mimik ist auch die Art und Weise, wie Sie gehen, sich bewegen und durchs Leben gleiten, ein kreativer Ausdruck.

WIE ZEIGEN WIR UNS DEN ANDEREN?

Wenn Sie selbst die Verkörperung Ihrer Wahrheit wären – wie würde das aussehen?

Repräsentieren Ihre Worte, Ihre Kleidung, Ihre Sorgfalt, die Sie auf Ihr Äußeres verwenden, und Ihre Energie die wahre, authentische Version Ihres Selbst?

Was könnten Sie ändern, damit Sie sich glaubwürdiger ausdrücken können? Welche Farben sprechen Sie an?

Verbundenheit

Als Menschen haben wir das angeborene Bedürfnis zu lieben, Beziehungen einzugehen oder uns mit anderen auf einer tieferen Ebene verbunden zu fühlen.

Wenn wir einen anderen Menschen oder auch ein Tier oder einen Ort lieben, dehnen wir diese Liebe bewusst und mit all unserer Kraft auf jemanden oder etwas aus, der bzw. das sich außerhalb von uns befindet. In einer solchen Beziehung gehen wir über unser Selbst hinaus und fühlen eine größere Einheit und Verbundenheit mit allen Dingen.

Denken Sie an die Fabel auf Seite 33: Die verschiedenen Zustände des Angstwolfs drücken Vereinzelung aus sowie die Zielvorstellung, das Leben müsse so sein, wie wir es haben wollen – und dass wir uns schlecht behandelt fühlen, wenn es nicht so ist. Hier zählen allein die Lebensumstände, und so kämpfen wir unermüdlich gegen das an, was uns nicht behagt, oder halten an unseren Erfahrungen fest.

Der gutmütige Wolf ist ein Wesen der Eintracht und des Einsseins. Seine Eigenschaften sind Offenheit, Herzlichkeit und Unvoreingenommenheit, verankert im Fluss und in der Vergänglichkeit des Lebens, wo die Umstände selbst bedeutungslos werden.

Auf spiritueller Ebene geht dieses Streben nach Verbundenheit über die bloße Form hinaus. Obwohl soziale Bindungen, intime Beziehungen, Kameradschaft und die Zugehörigkeit zu einer Gruppe auf menschlicher Ebene in uns vorprogrammiert und lebenswichtig sind, geht es uns in Wirklichkeit darum, uns unversehrt, sicher und vollkommen zu fühlen. Oft vergessen wir dabei, dass Liebe und Verbundenheit aus unserem Inneren kommen und im Herzen als ein tiefes Gefühl der Einheit oder des Einsseins empfunden werden. Wenn wir akzeptieren, dass wir ein Teil des Lebens und der Natur sind, nicht ihr Beherrscher, und dass wir eine Woge im Meer der Liebe sind, die niemals von ihm getrennt ist, dann finden wir – in uns selbst – die Liebe, die wir außerhalb von uns gesucht haben. In dieser Verbundenheit kann die Kraft des Universums durch uns fließen und wir wissen, dass die Liebe uns nie verlassen wird.

Tagebuch

ERINNERN SIE SICH AN IHR HÖCHSTES (GÖTTLICHES, WAHRES, UNIVERSELLES) SELBST

Wann hat sich in meinem Leben mein höchstes
Selbst – meine gütige, vergebende, weise und
liebevolle Seite – gezeigt?
Wann habe ich die Liebe der Angst vorgezogen?

Welche Schranken, Überzeugungen oder inneren
Widerstände hindern mich daran, mein höchstes Selbst
Tag für Tag zu verkörpern? Wie kann ich am besten den
gutherzigen Wolf in mir füttern?

Worin bin ich gut, ohne mich anstrengen zu müssen?
Was macht mich lebendig und bringt meine Seele zum
Singen? Worauf bin ich stolz?

März

Der März ist der Monat des Übergangs vom Winter zum Frühling, mit Assoziationen von Hoffnung, Wiedergeburt, der Kraft der Möglichkeiten und des Weiblichen.

Der Frühling birgt viel Potenzial. Die warmen Winde scheinen uns daran zu erinnern, dass es Zeit ist, aufzuwachen. Die Natur erwacht aus dem Winterschlaf, und wir sehen, wie in Hülle und Fülle neues Leben entsteht.

In der Gegenwart verankert und geerdet zu sein, gesunde Gewohnheiten zu etablieren, die Ihre Entfaltung fördern, und immer bereit zu sein, etwas zu lernen (und zu scheitern) – all dies ist unerlässlich, wenn wir in einen neuen Kreislauf eintreten wollen. Unser Thema für diesen Monat lautet also: hervortreten.

„Achte auf deine Gedanken, sie werden zu Worten. Achte auf deine Worte, sie werden zu Taten. Achte auf deine Taten, sie werden zu Gewohnheiten. Achte auf deine Gewohnheiten, sie werden zu deinem Charakter. Achte auf deinen Charakter, denn er wird dein Schicksal."

LAO TZU
ALTCHINESISCHER PHILOSOPH
UND AUTOR

Erzählung

Eines Tages galoppierte ein Pferd auf einen belebten Marktplatz zu. Der Reiter schien auf einer Mission zu sein und eilte einem wichtigen Ziel entgegen.

Die Marktbesucher gingen ihm aus dem Weg und machten die Straßen frei, sodass Pferd und Reiter passieren konnten. Ein Mann rief dem Reiter neugierig zu: „Reiter, was ist der Zweck deiner Mission? Wo willst du hin?"

„Ich habe keine Ahnung", antwortete er. „Frage das Pferd."

Sterne, Mond, Sonne

Mit dem Frühling kehrt das Leben zurück: Die Vögel begeben sich wieder zu ihren Nistplätzen, die Bäume tragen Knospen und die ersten Frühlingsblumen beginnen zu blühen.

Die Kraft des Weiblichen wird im März mit dem Internationalen Frauentag gefeiert. Am Tag der Frühjahrs-Tagundnachtgleiche verehrten die Germanen Ostara, die Göttin des Frühlings und der Morgenröte.

STERNE
FISCHE (19. FEBRUAR BIS 20. MÄRZ) – WASSERZEICHEN
Das Sternzeichen wird in der Astrologie durch zwei Fische dargestellt, die in entgegengesetzte Richtungen schwimmen.

MOND
Der Vollmond im März wird auch als Wurmmond bezeichnet. Er gilt als der letzte Vollmond des Winters und spielt auf die vielen Regenwürmer für die ersten Vögel im Frühling an.

SONNE
Die Frühjahrs-Tagundnachtgleiche ist der Zeitpunkt, an dem die Sonne über den Äquator auf die Nordhalbkugel wandert und Nacht und Tag gleich lang sind.

Erde

KRISTALL: AVENTURIN

Aventurin ist ein grüner Quarz, der mit Persephone, der griechischen Göttin der Fruchtbarkeit und des Frühlings, in Verbindung gebracht wird und als Totem für Erdung und Glück getragen werden kann. Der Aventurin fördert das Selbstvertrauen und hilft Ihnen, aktiv zu werden, auf dass Sie sich aus Ihrer Komfortzone heraus in die Wunder und Abenteuer des Unbekannten begeben.

AVENTURIN

Wohlergehen	*Selbstbestimmung*
Menschenführung	*Wachstum*
Erkenntnis	*Selbstvertrauen*
Beständigkeit	

MÄRZBLUMEN: NARZISSE, LUNGENKRAUT (*PULMONARIA*), HEIMISCHE PRIMEL, NIESWURZ, SEIDELBAST

Unser Favorit – Seidelbast – Heimisch auf der nördlichen Erdhalbkugel, ist er in Asien, Europa und Nordafrika weitverbreitet. Die Blüten des Seidelbasts reichen von Rosa bis Violett, symbolisieren Anmut, Freude und neues Leben und duften herrlich. Einige Arten tragen üppige Laubblätter und Beeren.

ÄTHERISCHES ÖL: GERANIUM

Der Duft von Geraniumöl führt zu einem hellwachen und klaren Kopf, hebt die Stimmung, setzt Emotionen frei und hilft Ihnen, sich zu erden. Geraniumöl ist reich an Aminosäuren, daher gut für Haut und Haar sowie die Wundheilung.

Affirmationen

Bevor wir hervortreten, um zu wachsen oder die Richtung eines neuen Lebens einzuschlagen, müssen wir zunächst Vertrauen in uns haben – „die Angst spüren und es trotzdem tun" – und uns so vom Bekannten ins Unbekannte begeben. Dies kann auf körperlicher, psychologischer oder spiritueller Ebene geschehen.

Jede Reise beginnt mit diesem ersten Schritt. Es ist okay, genau da zu beginnen, wo man gerade ist. Es ist okay, ganz neu anzufangen. Und es ist okay, sich wie ein Anfänger zu fühlen. Sie steuern Ihr eigenes Schiff (oder Pferd!) und bestimmen, wo es langgeht, auch wenn Sie sich die Begleitumstände, die die Reise mit sich bringt, oft nicht aussuchen können. Die folgenden Affirmationen helfen Ihnen, auf dem Boden zu bleiben und sich gleichwohl auf neue Entwicklungen und Erfahrungen einzulassen.

„Es gibt nichts, wovor ich Angst haben muss, das Leben ist eine einzige große Chance zum Lernen."

„Dies ist meine Zeit."

„Meine Ängste lasse ich bereitwillig los und vertraue meiner Entfaltung."

„Ich bin sicher und habe die Kraft, positive Entscheidungen zu treffen."

„In jedem Moment werde ich neu geboren. Im Bewusstsein bin ich frei."

„Es gibt keine falschen Entscheidungen; ich kann immer wieder neu wählen."

Meditation

MANTRA-MEDITATION

Ein Mantra ist ein Wort – oder auch ein Ton oder ein kurzer Satz –, das beim Meditieren still im Geist wiederholt oder laut gesprochen oder gesungen wird. Gemäß der vedischen Tradition soll es beim Meditieren die Konzentration fördern und zudem eine potente Kraft haben. Im Sanskrit bezieht sich das Wort Mantra auf einen heiligen Text oder Zauberspruch, dessen Wert in den Schwingungen liegt, die beim Aussprechen von Tönen entstehen, welche über die menschliche Wahrnehmung hinausgehen.

Mantras wirken sowohl auf einer unterbewussten als auch auf einer spirituellen Ebene.

Die Macht der Worte formt in vielerlei Hinsicht unsere Wirklichkeit. Wenn wir uns dessen bewusst werden, stellen wir vielleicht fest, dass wir geübter im Gebrauch von „Mantras" sind, als wir zunächst meinen. Leider neigen wir dazu, sie eher in einem negativen Kontext zu verwenden: um zu schimpfen, um ständig unseren Problemen und Einschränkungen Ausdruck zu verleihen: „Ich habe zu wenig Erfahrung", „Wer bin ich, dass ich das tue?", „Das wird nie funktionieren". Wenn wir das Gesetz der Anziehung bedenken, demzufolge die Energie dorthin fließt, worauf wir unsere Aufmerksamkeit richten, dann stellen wir fest, dass unsere Worte zu einem Werkzeug werden können, das unsere Wirklichkeit formt.

ICH BIN MEDITATION

Die vollständige Meditation lautet „Ich bin, was ich bin". „Ich bin" steht für das individuelle Bewusstsein, „was" für das universelle Bewusstsein, und das abschließende „ich bin" für die Einheit der beiden, das Einssein. Im Sanskrit heißt dieses Mantra „Om Hum".

Entscheiden Sie sich für eines der beiden Mantras oder nutzen Sie beide, je nachdem, welches Ihnen mehr zusagt. Wiederholen Sie also beim Meditieren in diesem Monat „Ich bin, was ich bin" oder „Om Hum", entweder still im Geist oder laut als Gesang.

Bewegung

ACHTSAMES GEHEN

Eine Gehmeditation, manchmal auch als „achtsames Gehen"
bezeichnet, dient dazu, das Bewusstsein zu schärfen, sich zu erden
und sich tiefer mit der Umgebung zu verbinden. Eine perfekte
Übung für den Frühling!

Typischerweise leiten Gehmeditationen Sie dazu an, langsam
zu gehen, oft barfuß, und dabei jede Empfindung und Bewegung
in den Füßen, Beinen und im ganzen Körper zu spüren. Wenn der
Geist abschweift oder durch Gedanken oder äußere Ablenkungen
irritiert wird, nehmen Sie es einfach so hin und konzentrieren sich
dann wieder auf das Gefühl bei jedem einzelnen Schritt.

Sie können das aber auch weiter fassen und achtsames Gehen
den ganzen Tag über, bei einem Spaziergang oder einer Wanderung
praktizieren, um sich in der Umgebung und in ihrem Körper zu
verankern.

SO GEHT'S
Machen Sie einen stillen Spaziergang (auch, wenn Sie
mehrere sind) und achten Sie dabei auf die Geräusche, die
Gerüche, die Beschaffenheiten, die Farben und das neu
entstehende Leben des Frühlings.

YOGAHALTUNGEN, UM SICH NEUEN ANFÄNGEN ZU ÖFFNEN

Kopf-Knie-Haltung
(*Janu Sirsasana*)

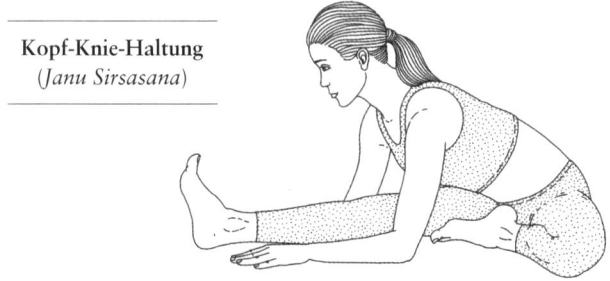

Mit geradem Rücken hinsetzen und beide Beine ausstrecken. Ein Knie beugen und die Fußsohle desselben Beins an die Innenseite des gegenüberliegenden Oberschenkels legen. Den Oberkörper vorne halten und sich beim Ausatmen über das gestreckte Bein beugen; in dieser Stellung einige Atemzüge lang verweilen. Die Übung mit dem anderen Bein wiederholen.

Umgekehrte Kopf-Knie-Haltung
(*Parivrtta Janu Sirsasana*)

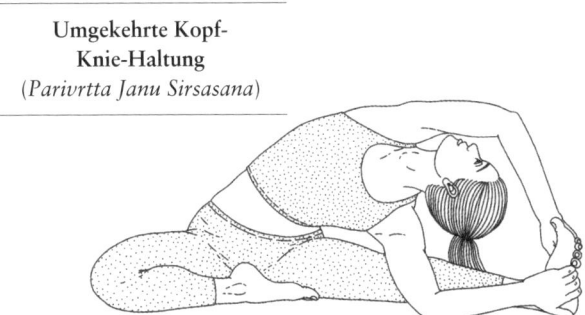

Mit geradem Rücken und weit gespreizten Beinen hinsetzen. Ein Knie beugen und die Ferse zur Leiste ziehen. Beide Arme über den Kopf heben, den Oberkörper zum gebeugten Knie drehen und sich dann beim Ausatmen sachte zum gestreckten Bein hinabbeugen, wobei sich die Rippen nach oben drehen. Mit dem einen Ellenbogen den Boden berühren und den anderen Arm über den Kopf zum Fuß des ausgestreckten Beins strecken. Ein paar Atemzüge in dieser Stellung bleiben, bevor Sie auf die andere Seite wechseln.

Kuhgesicht (*Gomukhasana*)
Mit geradem Rücken hinsetzen, beide Knie gebeugt und die Füße flach auf dem Boden stehend. Einen Fuß unter das das andere Knie schieben, bis der Fuß die Außenseite der gegenüberliegenden Hüfte erreicht. Dann den anderen Fuß über Kreuz legen, sodass die Knie übereinander liegen und der Fuß die gegenüberliegende Hüfte erreicht. Beide Arme weit ausstrecken. Einen Arm am Ellenbogen beugen, um über dieselbe Schulter zu greifen, und den anderen Arm von der anderen Seite darunter führen, sodass sich die Finger oder Handflächen treffen. Einige Atemzüge lang in dieser Position bleiben, bevor Sie auf die andere Seite wechseln.

Ritual

Wenn wir nicht ganz bei uns selbst sind und keine Vorsätze haben, überlassen wir unser Handeln unseren unbewussten Gewohnheiten, so wie der Mann in der Fabel mit seinem Pferd. Wenn wir schlafwandelnd durch den Tag gehen, werden wir zum Sklaven unserer „schlechten" Angewohnheiten oder unseres Unterbewusstseins, und das Leben scheint einfach mit uns davonzurennen.

Zwischen Gewohnheit und Ritual gibt es einen kleinen Unterschied. Eine Gewohnheit ist eine wiederholte Handlung oder ein Verhalten, das, wenn es genügend oft wiederholt wird, ins Unterbewusstsein übergeht und so zu einer Art Betriebssystem wird, das uns steuert. Eine Gewohnheit bedarf keiner Aufmerksamkeit; sie wird zu einem Automatismus und zu dem, was wir als normal betrachten. Ein Ritual hingegen verfolgt einen bewussten Zweck und hat ein bestimmtes Ziel, sodass wir uns voll und ganz auf die Aufgabe einlassen müssen.

Beide unterscheiden sich in ihrer Art und darin, wie sie erlebt werden, aber wenn wir sie bewusst betrachten, erkennen wir ihre symbiotische Beziehung. Ein achtsam durchgeführtes tägliches Ritual kann zu bewussteren und gesünderen Gewohnheiten führen.

RITUAL ZUR SELBSTERDUNG

Sich erden bedeutet, sich stärker mit der Erde zu verbinden, indem man mit der nackten Haut Kontakt zu ihr aufnimmt.

In einer im *Journal of Inflammation Research* veröffentlichten Studie heißt es: „[Die] positiven Auswirkungen [der Erdung] beziehen sich auf Entzündungen, Immunreaktionen und Wundheilung." Fazit der Studie: „Die Struktur des Körpers ist ein System, das gelegentlich durch leitenden Kontakt mit der Erdoberfläche – der ‚Batterie' für alles Leben auf dem Planeten – aufgeladen werden muss."

Ein regelmäßiger Erdkontakt könnte einfach so aussehen, dass man mit den Füßen oder Händen auf der Erde steht oder barfuß geht, wo es möglich ist.

Selbstfürsorge

Sich gesunde Gewohnheiten anzueignen, sie auszutauschen und beizubehalten, braucht Zeit. Sich eine gesunde Angewohnheit nach der anderen vorzunehmen und dies auch durchzuhalten, ist gelebte Selbstfürsorge.

Oft setzen wir uns viel zu hohe Ziele, die wir erreichen möchten, oder gehen nach dem Motto „Alles oder nichts" vor. So nehmen Sie sich zum Beispiel vor, fit zu werden, und planen gleich einen Marathon, anstatt einfach fünf Minuten um den Block zu gehen. Unsere Wünsche sind oft unermesslich, und das kann uns daran hindern, überhaupt anzufangen. Wenn wir uns nur auf das Ergebnis und nicht auf den Prozess konzentrieren, sehen wir den Wald vor lauter Bäumen nicht.

Gewohnheiten zu ändern oder neue gesunde Gewohnheiten zu kultivieren, erfordert:

AUFMERKSAMKEIT
Benennen Sie Ihre bisherigen Gewohnheiten und seien Sie dabei ehrlich zu sich selbst.

MITGEFÜHL MIT SICH SELBST
Beglückwünschen Sie sich selbst, dass Sie es versucht haben, und halten Sie sich nicht mit Missgeschicken auf.

VERSTÄNDNIS DAFÜR, WOZU DIE ALTE GEWOHNHEIT DIENTE
Vermeidung von Langeweile oder Einsamkeit; „Aufschieberitis", Begierde, Beziehungen usw.

DIE AUSLÖSEIMPULSE AUSFINDIG MACHEN
Ist es vielleicht die Tageszeit, ein Gefühl, der Aufenthalt an einem bestimmten Ort oder ein anderes Verhalten?

EINEN ERSATZIMPULS FINDEN
Einen neuen Auslöseimpuls wählen, der dazu führt, ein neues Verhalten zu verinnerlichen.

ÜBEN, ÜBEN, ÜBEN
Führen Sie Ihre neue Gewohnheit durch und gratulieren Sie sich jedes Mal, wenn es Ihnen gelungen ist.

Beginnen Sie dort, wo Sie sich gerade befinden, tun Sie das, was Ihnen möglich ist, und seien Sie auf dem Weg dorthin gutmütig zu sich selbst.

Rezepte und Getränke

MAROKKANISCHER MINZTEE

Minze hat viele heilende Eigenschaften. Tee aus ihren Blättern bringt geistige Klarheit, beruhigt und fördert das Verdauungssystem. Grüner Tee ist reich an Antioxidantien sowie Nährstoffen, die die Gehirnfunktion unterstützen, und enthält nur wenig Koffein. Das Servieren von Minztee ist ein fester Bestandteil der marokkanischen Kultur und steht für Freundschaft und Gastfreundschaft. Minztee ist erfrischend und versorgt Sie mit neuer Energie.

GEMÜSE DER SAISON:

Rhabarber, Frühlingszwiebel, Grünkohl, Rosenkohl, Frühkohl, Knollensellerie, Kartoffel

KRÄUTER DER SAISON:

Estragon, Rosmarin, Schnittlauch, Thymian

REZEPT FÜR MAROKKANISCHEN MINZTEE
FÜR VIER PERSONEN

ZUTATEN

1 großes Bund frischer Minzblätter
2 EL Honig oder Ahornsirup
2 EL grüner Tee (lose Blätter)
1 Liter kochendes Wasser

ZUBEREITUNG

1. Die ersten drei Zutaten in eine Teekanne geben und mit kochendem Wasser übergießen. 5–10 Minuten ziehen lassen.

SELLERIECREMESUPPE
FÜR VIER PERSONEN

ZUTATEN

Olivenöl	3 Knoblauchzehen, fein gehackt
1 große weiße Zwiebel, fein gewürfelt	1 Liter Gemüsebrühe
1 Bund Lauch, in Scheiben geschnitten	Salz und schwarzer Pfeffer
1 mittelgroße Kartoffel, geschält und gewürfelt	5 Rosmarinzweige, fein gehackt
1 mittelgroßer Knollensellerie, geschält und gewürfelt	2 TL frischer Thymian, fein gehackt

ZUBEREITUNG

1. Etwas Öl in einer Pfanne erhitzen, Zwiebel und Lauch darin 5 Minuten anbraten, bis sie anfangen, weich zu werden.

2. Kartoffeln, Knollensellerie und Knoblauch hinzufügen und 5 Minuten mitbraten.

3. Die Gemüsebrühe hinzufügen und alles auf mittlerer Stufe köcheln lassen, bis Kartoffeln und Sellerie weich sind. Mit Salz und Pfeffer würzen.

4. Die Suppe abkühlen lassen, dann in einen Mixer geben.

5. Die Kräuter hinzugeben und die Suppe pürieren, bis sie dick und cremig ist, dann servieren.

Das Glück weitergeben

SEIEN SIE DER WIND, DER DIE POLLEN TRÄGT

So wie der Wind die Pollen trägt, um im Frühling neues Leben zu schaffen, kann eine gute Tat dasselbe bewirken.

Eine gute Tat ist eine helfende Geste, die ein Fremder einem anderen anbietet, aus reiner Nächstenliebe und ohne eine Gegenleistung zu erwarten.

Sowohl das Erweisen als auch das Entgegennehmen einer netten Geste hat etwas Magisches. Studien zeigen, dass beides hilft, Stress, Depressionen, Ängste, den Blutdruck und sogar Schmerzen zu reduzieren. Und einem Fremden freundlich die Hand zu reichen, stärkt das Gefühl der sozialen Verbundenheit und Zugehörigkeit.

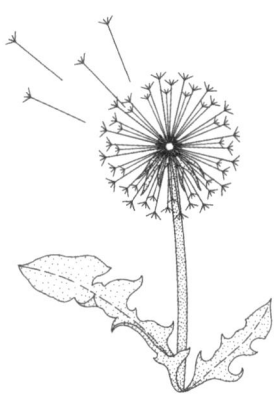

IHRE GUTE TAT IN DIESEM MONAT:

Seien Sie hilfsbereit und suchen Sie nach Möglichkeiten, jemandem in Ihrer Nähe etwas Gutes zu tun: einem Fremden mit den Einkaufstüten helfen, einer älteren Person beistehen, Ihre Zeit anbieten, um einem Freund zu helfen, einen Autofahrer vor sich hereinlassen, sich vergewissern, dass es einem Fremden gut geht, wenn er schlecht aussieht.

Jede nette Geste hat einen Dominoeffekt: Je mehr Freundlichkeit Sie zeigen, desto besser fühlen Sie sich.

Umweltbewusst handeln

ACHTSAM ESSEN UND KONSUMIEREN

Achtsam zu essen bedeutet darüber nachzudenken, in welcher Beziehung wir zu den Lebensmitteln stehen, wie sie angebaut oder produziert werden und welchen Weg sie bis zu unserem Teller zurücklegen.

Das lässt uns bewusster essen, gesündere Essgewohnheiten annehmen und die Auswirkungen unseres Konsumverhaltens auf den Planeten stärker überdenken.

DAS 1X1 DES ACHTSAMEN ESSENS

Nehmen Sie bewusst Farben, Aromen, Düfte, Geschmack und Beschaffenheiten des Essens wahr.

Lassen Sie sich beim Essen nicht durch Computer, Fernseher, Telefon oder andere Geräte ablenken.

Achten Sie darauf, wie Sie sich vor und nach dem Essen sowie während des Essens fühlen.

Überlegen Sie, wenn Sie zu einem Snack greifen, welche Gefühle gerade in Ihnen vorgehen und was der Verzehr des Snacks befriedigen wird.

Fragen Sie sich, ob das Essen einen Nährwert oder einen Nutzen für Ihren Körper, Ihre geistige Gesundheit oder Ihr Wohlbefinden hat.

Überlegen Sie, woher das Lebensmittel kommt, welche Entfernung es zurückgelegt hat und wer oder was bei seiner Herstellung möglicherweise zu Schaden gekommen ist.

Achten Sie darauf, wie die von Ihnen konsumierten Lebensmittel angebaut und ob Chemikalien verwendet wurden.

Essen Sie farbenfrohe, abwechslungsreiche und überwiegend natürliche Lebensmittel.

Ein bewusster Umgang mit Ihren Lebensmitteln fördert Ihre eigene Gesundheit (und die Ihrer Familie) sowie die Gesundheit und das Wohlergehen der Erde.

Kreativität

ETWAS NEUES LERNEN

Das Erlernen von etwas Neuem, einfach nur so zum Spaß, kann Sie aus Ihrer Komfortzone herausführen, Ihren Sinn für soziale Bindungen stärken und eine Quelle für Kreativität und Spiel sein; außerdem ist es wichtig für das Selbstwertgefühl und das seelische Wohlbefinden.

Lernen ist ein lebenslanger Prozess, aber die Energie und die Begeisterung, etwas Neues zu lernen, scheinen mit dem Alter nachzulassen. Dabei ist Lernen vielleicht gerade das Wesentliche des Lebens, das denjenigen fehlt, die von Stress, Isolation oder Unzufriedenheit geplagt sind.

Das Leben selbst ist kreativ, voller Potenzial, neuer Möglichkeiten und Beziehungen, und die Teilnahme an etwas Kreativem hilft uns, uns ganz auf den Augenblick einzulassen.

Schauen Sie sich die Liste der Fähigkeiten/
Aktivitäten unten an und kreisen Sie spontan
diejenigen ein, die Sie interessieren. Fügen Sie
weitere hinzu, die Ihnen einfallen:

Kochen	Schwimmen
Ein Musikinstrument spielen	Schlittschuhlaufen
Singen	Inlineskating
Tanzen	Klettern
Fotografieren	Reiten
Schmuck herstellen	Kreatives Schreiben oder Dichten
Töpfern	
Zeichnen oder Skizzen anfertigen	Theater oder Improvisation
Malen	Sprachen
Beeren und Kräuter sammeln	Holzarbeiten
Nähen oder Handarbeit	Mechanik
Segeln	Gartenarbeit
	Selbstverteidigung

2 Sehen Sie sich die eingekreisten Dinge im Kasten an und teilen Sie sie in zwei Gruppen ein:
a) die Aktivitäten, mit denen Sie sofort beginnen könnten, und
b) die Aktivitäten, die ein wenig Planung erfordern könnten.

3 Suchen Sie für Ihre „B"-Liste Bilder oder fertigen Sie Skizzen an und fügen Sie sie Ihrem Vision Board hinzu.

4 Für Ihre „A"-Liste schreiben Sie jede Fähigkeit oder Aktivität auf ein separates Stück Schmierpapier.

5 Falten Sie die einzelnen Zettel und mischen Sie sie. Ziehen Sie einen zufälligen Zettel – das ist nun Ihre Aufgabe. Los geht's!

Meist fallen uns etliche Gründe ein, warum wir nichts Neues lernen können – Zeit, Geld, Aufwand –, aber es gibt so viele Onlinekurse, Abendschulen, Freiwilligenangebote und preiswerte Kurse, dass wir immer einen Weg finden können. Nehmen Sie Privatunterricht, suchen Sie sich einen Kurs vor Ort, tauschen Sie Ihr Wissen aus, engagieren Sie sich ehrenamtlich und verlassen Sie Ihre Komfortzone, um etwas Neues zu lernen. Man weiß nie, wen man trifft, wohin es führt oder welche Freude man dabei haben kann!

Verbundenheit

Jede Epoche in der Geschichte kann durch das Kollektivbewusstsein definiert werden, das in der jeweiligen Zeit vorherrschte, und einigen Philosophen und Mystikern zufolge überschreiten wir derzeit eine Zeitlinie hin zu einer neuen Weltsicht.

Das entstehende neue Weltbewusstsein wird von Individuen (und dann von Gemeinschaften) hervorgerufen, die eine einfache Frage stellen: Handeln wir so, dass es der Gesundheit und dem Wohlergehen des Planeten und der Gemeinschaft sowie meinem eigenen Wohlbefinden zugutekommt?

Diese neue Weltsicht bricht starre Vorstellungen über Aufteilung und Konkurrenzkampf auf und öffnet sich dem Potenzial grenzenloser Verbundenheit und Einheit. Im Wesentlichen bedeutet dies, dass der Einzelne präsenter wird, über sich selbst hinausdenkt und nach tieferer Bedeutung und Verbundenheit sucht.

Wir wenden uns ab von der Zeit des Konkurrenzkampfes, des „immer mehr", der Vorherrschaft und der Zerstörung, hin zu einem stärker vernetzten, kooperativen Verständnis, das die Verbindung zwischen Geist und Materie anerkennt und sich gleichzeitig für ein metaphysisches Verständnis des Lebens selbst öffnet.

Die Natur hat uns schon immer das gelehrt, woran wir uns so sehr zu erinnern versuchen. Eingeborenenstämme, Mystiker und Heilkundige haben versucht, die Menschheit zu den Lehren der Natur zurückzuführen, aber das kollektive Ego, beherrscht von Angst und Vereinzelung, hat die Kontrolle übernommen.

Jean Gebser, ein Philosoph, dessen Arbeit im Verständnis des Bewusstseins verwurzelt war, sagte: „Bewusstsein ist weder Wissen noch Gewissen, sondern muss vorerst im weitesten Sinne als wache Präsenz verstanden werden."

Wie gehen wir bei dieser Arbeit vor? Indem wir uns erinnern, in die Gegenwart zurückkehren, die Veränderungen, die wir erreichen wollen, verkörpern und dadurch einen Selbstheilungsprozess in Gang setzen. Indem wir uns dafür entscheiden, ausgehend von einem Ort der Wahrheit, des Mitgefühls und des gegenwärtigen Moments zu leben, zeigen wir anderen einen Weg, dasselbe zu tun.

Tagebuch

GEWOHNHEITEN VERSTEHEN

Was sind meine derzeitigen täglichen Gewohnheiten und wie fühle ich mich dabei? Dienen sie mir und anderen? Warum habe ich mich für sie entschieden; welchem Zweck dienen sie?

Welche guten Gewohnheiten werde ich ausbauen? Warum werde ich mich für diese gesünderen Gepflogenheiten entscheiden? Wie werde ich mich dafür belohnen, dass ich sie gewählt habe?

Wie sähe mein perfekter Tag in einer idealen Welt aus und welches Gefühl gäbe er mir?

April

Im April, dem mittleren Monat des Frühlings, zeigt sich die Natur tatkräftig: Die Blütenknospen sprießen und öffnen sich, während die Tage länger und heller werden.

Im April wird Ostern und seit einiger Zeit auch der Tag der Erde gefeiert. Ostern steht für Wiedergeburt und Neuanfang und bezeichnet ein Ritual des Übergangs. Der Tag der Erde erinnert uns daran, präsent zu sein, an unsere Zukunft zu denken und bewusste Entscheidungen für unseren Planeten zu treffen. Unser Thema für diesen Monat lautet also: sich öffnen.

„Beginne dort,
wo du bist.
Nutze, was du hast.
Tu, was du kannst."

ARTHUR ASHE
AMERIKANISCHER TENNISSPIELER

Erzählung

BEGIB DICH VON DORT AUS INS ZEN

Einst kam ein junger Mönch zum Zen-Meister, um alles über den Weg des Zen zu erfahren. Der Schüler sagte: „Ich bin auf der Suche nach Wahrheit hierhergekommen. Wo kann ich mich ins Zen begeben?"

Der Meister antwortete: „Kannst du den Gebirgsbach hören?"

„Ja, Meister. Ich höre ihn."

„Begib dich von dort aus ins Zen."

Der Schüler dachte eine Weile über die Antwort nach und fragte: „Meister, was wäre, wenn ich den Gebirgsbach nicht hören könnte?"

„Ich hätte gesagt: ‚Begib dich von dort aus ins Zen'", antwortete der Meister.

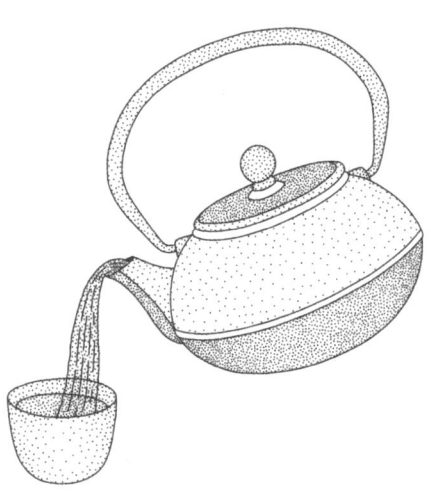

Sterne, Mond und Sonne

Der Name April leitet sich vom lateinischen Verb *aperire* ab, was „sich öffnen" bedeutet und auf die sich öffnenden, blühenden Blumen hinweist.

Der Ostersonntag fällt jedes Jahr zwischen Ende März und Ende April. Der Tag der Erde wird am 22. April gefeiert.

STERNE
WIDDER (21. MÄRZ BIS 20. APRIL) – FEUERZEICHEN

Widder ist das erste Sternzeichen im Tierkreis, es erstreckt sich von Ende März bis über die erste Hälfte des April. Die lateinische Bezeichnung Aries steht in der Symbolik und der Astrologie für die hitzige, unaufhaltsame Kraft des Widders.

Eines der ältesten Sternbilder am Himmel ist Ursa Major, der Große Bär, in dem sich auch der Große Wagen befindet. Diese Konstellation ist vor allem bei Hindus, Chinesen und amerikanischen Ureinwohnern reich an Geschichte und Geschichten. In den USA diente das Sternbild sogar als Wegweiser für entflohene Sklaven, die die Anweisung, ihm zu folgen, in ihren Songs weitergaben.

MOND

Der Vollmond im April wird auch als „Pink Moon" bezeichnet und spiegelt die Blüte der Frühlingsblumen wider.

Der Tag, auf den der Ostersonntag fällt, wird jedes Jahr durch den Mond bestimmt: Ostern ist an dem Sonntag, der auf den ersten Vollmond nach der Frühlings-Tagundnachtgleiche folgt, den sogenannten Ostervollmond.

SONNE

Wenn die Tage heller werden, sollte man täglich für kurze Zeit in die Sonne gehen, um die Produktion von Vitamin D zu fördern, das für unsere allgemeine Gesundheit und unser Wohlbefinden wichtig ist.

Erde

KRISTALL: CHRYSOKOLL

Chrysokoll ist ein wunderschöner Stein für Neuanfänge, Motivation und Zuversicht. Er lässt Sie aktiv werden und offen sein für alles, das Sie in Ihrem Leben mehr etablieren möchten. Er hilft Ihnen dabei, sich selbst nicht im Wege zu stehen und zu vertrauen.

CHRYSOKOLL

Stärkung	*Zuversicht*
Kommunikation	*Inspiration*
Ausdruck	*Verwandlung*

APRILBLUMEN: NARZISSE, KIRSCHBLÜTE, DUFTWICKE, TULPE, WIESENPHLOX

Unser Favorit: Narzisse – Sie gehört zu den ersten Blumen, die nach dem Winterfrost im Vorfrühling blühen, und ist im März und April in ganz Europa, Nordafrika, Asien und im Mittelmeerraum in Hülle und Fülle zu sehen. Narzissen sind ein Symbol des Frühlings und des Neubeginns, und ihre leuchtend gelbe, sonnige Farbe ist ein willkommener Anblick nach der Tristesse des Winters.

ÄTHERISCHES ÖL: SANDELHOLZ

Sandelholzöl hat einen warmen und holzigen Duft, der einem hilft, wach und konzentriert zu bleiben. Es verhindert übermäßiges Grübeln, damit Sie klar und zuversichtlich voranschreiten können. Sandelholz wurde von den Hindus in Baderitualen verwendet, da man glaubte, dass eine Reihe von Göttinnen den Sandelholzbaum bewohnten.

Affirmationen

Um zu verkörpern, wer man wirklich ist, und um das zu tun, was man wirklich tun möchte, muss man sich selbst und anderen gegenüber ehrlich sein. In der heutigen westlichen Kultur scheinen die Menschen es perfektioniert zu haben, verschiedene Masken zu tragen, sie zu wechseln und sich zu verändern, je nachdem, mit wem sie zusammen sind, was sie gerade tun und wo sie sich befinden – um sich anzupassen oder den anderen zu gefallen. Das kann nicht nur sehr kräftezehrend sein, sondern ihnen geht auch, wenn sie zu lange so vorgehen, die Bindung zu ihrem eigenen Selbstgefühl und zu dem, was im gegenwärtigen Moment wahr ist, verloren.

In einem Zustand zu verharren, in dem wir mit dem zu kämpfen haben, was wir sind oder wo wir gerade stehen, ist müßig. Um in einen Flow zu gelangen und in Harmonie zu leben, muss man einerseits aktiv werden und andererseits seinen Widerstand aufgeben.

Die Veränderungen, die Sie herbeiführen möchten, können heute schon geschehen, unabhängig von Ihren Lebensumständen. Wenn Sie anerkennen, dass Sie selbst die Verantwortung übernehmen müssen und als die wahrhaftigste Version Ihres Selbst in die Welt hinausgehen, verkörpern Sie genau die Tatkraft und Energie, die der Frühling verspricht.

Ihre Affirmationen für diesen
Monat lauten:

„Ich lasse nicht zu, dass mein Wohlbefinden vom Ergebnis abhängt. Ich werde im Leben präsent sein, während es voranschreitet und seine Form verändert."

„Ich bin offen für mehr Liebe."

„Täglich lade ich magische Erfahrungen und Zufälle dazu ein, meinen Tag zu bereichern."

„Heute werde ich ein Versprechen mir selbst gegenüber halten, um wahrhaftig zu sein."

Meditation

Achtsam zu sein bedeutet, sich den Zustand des eigenen Daseins vor Augen zu führen. Es ist eine bewusste Entscheidung oder ein Akt des Erinnerns, sich unserer eigenen sinnlichen Erfahrung, unseres Körpers, unserer Umgebung, unserer Gefühle und unserer Verbundenheit mit der Lebenskraft bewusst zu werden.

Wenn wir in der Gegenwart verankert sind, haben unsere Gedanken und Gefühle weniger Macht. Wir sind eher ihr Beobachter als ihr Sklave. Wenn wir in der großen Weite der Gegenwart ruhen, finden wir das tiefe Gefühl des Friedens, das wir so oft außerhalb von uns selbst suchen.

Bewusst im Hier und Jetzt zu leben ist das Natürlichste, was es gibt, etwas, zu dem wir alle gleichermaßen fähig sind. Es ist so natürlich, dass es aus uns heraus entsteht, ohne dass wir Achtsamkeit üben müssen – ein Gefühl von Frieden und Ehrfurcht beim Betrachten eines Sonnenuntergangs, ein Gefühl der Verbundenheit mit der Natur, wenn wir im Gras liegen und uns die Sonne ins Gesicht scheinen lassen. Oder eine tiefe innere Ruhe und Vollkommenheit, wenn wir uns in einem schönen Musikstück verlieren.

Es gibt nichts zu lernen. Stattdessen gilt es, sich zu erinnern. Es geht darum, die Schleier der Gedanken, des Urteils, der Emotionen, der Angst und des Widerstands zu lüften und sich auf die große Weite dessen einzulassen, was ist. Achtsamkeit wird zu unserer Gedächtnishilfe und erinnert uns daran, in den gegenwärtigen Augenblick zurückzukehren.

ACHTSAMKEIT IM TÄGLICHEN LEBEN

Achtsam können Sie immer sein, ganz gleich, was Sie gerade tun. Es geht dabei nicht darum, sich Zeit zu nehmen und etwas Bestimmtes zu tun, sondern darum, einfach nur das zu tun, was Sie bereits tun, und zwar mit Achtsamkeit. Achten Sie darauf, wenn Ihre Gedanken abschweifen – zu welchen Urteilen, Widerständen, Ängsten oder Fantasien auch immer – und lassen Sie sich einfach auf Ihre Sinne, Ihre Umgebung, Ihren Körper und Ihre Gefühle ein, um die Macht der Gedanken zu durchbrechen und wieder in den Augenblick zurückzukehren.

Bewegung

TANZEN SIE!

Bewusster oder ekstatischer Tanz hat keine Grenzen. Bewegen Sie Ihren Körper zu Musik oder einem rhythmischen Klang, wie er sich dazu berufen fühlt, und erleben Sie einen höheren Zustand der Begeisterung oder der Ekstase.

In schamanischen, esoterischen, stammesbezogenen und sogar religiösen Traditionen ist der Tanz seit Jahrhunderten ein Mittel der spirituellen Praxis. Als Meditationsform dient er dazu, das selbstbewusste Ich aufzulösen, über sich selbst hinauszugehen und einen Flow-Zustand zu erlangen. Sich in der Trance des Tanzes zu verlieren bedeutet, völlig in die Gegenwart des Seins und in den Zusammenhang mit allem einzutauchen und mit der Lebensenergie mitzufließen.

SO GEHT'S

Tanzen Sie! Besuchen Sie eine Tanzveranstaltung oder legen Sie zu Hause Musik auf.
Schließen Sie die Augen und lassen Sie Ihren Körper sich so bewegen, wie er will. Folgen Sie beim Tanzen Ihrem Gefühl und nicht Ihrem Verstand – tanzen Sie, als ob niemand zuschaut!

YOGAHALTUNGEN, UM SICH DEM NEUEN ZU ÖFFNEN

Halbmond (*Ardha Chandrasana*)

Im Stehen den rechten Fuß um 90 Grad nach außen drehen, während der linke Fuß weiter nach vorn zeigt. Jetzt langsam die rechte Hand nach unten führen und den Boden berühren. Ihr ganzes Gewicht auf das rechte Bein verlagern und dann das linke Bein vom Boden abheben.

Die Hüften öffnen, bis die eine über der anderen liegt. Den Fuß des linken Beins flexen. Sobald Sie Ihr Gleichgewicht gefunden haben, den anderen Arm nach oben strecken, sodass eine gerade Linie zwischen den Armen entsteht, und die Brust öffnen. Ein paar Atemzüge lang in dieser Position bleiben. Die Haltung mit dem anderen Bein wiederholen.

Halbmond
(*Ardha Chandrasana*)

Kamel
(*Ustrasana*)

Mit aufgewärmtem Rücken hinknien, die Zehen flach ausgestreckt. Mit einer Hand nach hinten greifen und die Ferse derselben Seite umfassen, bevor Sie das Gleiche mit der anderen Hand und Ferse tun. Den Rücken nach hinten beugen und den Kopf nach hinten fallen lassen oder das Kinn einziehen, je nachdem, was sich für Ihren Nacken am besten anfühlt. Einige Atemzüge in dieser Haltung bleiben.

Ritual

Beim Ausräuchern werden weißer Salbei, Palo Santo oder Räucherstäbchen verbrannt.

Heilige Düfte sind seit Jahrhunderten Bestandteile von Ritualen, die der energetischen Reinigung oder der Förderung der Achtsamkeit dienen. Der Rauch brennenden Salbeis begünstigt diesen Reinigungsprozess, indem er negative Ionen freisetzt, die helfen, die Gegenwart bewusst zu erfahren und positive Gefühlslagen zu fördern.

Palo Santo bedeutet aus dem Spanischen übersetzt „heiliger Stock". Es handelt sich um ein heiliges peruanisches Holz, das einen weicheren, süßer riechenden Rauch als Salbei erzeugt. Es wird mit der Beruhigung des Immun- und Nervensystems und der energetischen Reinigung in Verbindung gebracht. Fertigen Sie Ihre eigenen Rauchbündel an, indem Sie Salbei, Palo Santo oder mehrere Räucherstäbchen mit einer Schnur zusammenbinden.

AUSRÄUCHERUNGSRITUAL
SICH SELBST AUSRÄUCHERN

1. Denken Sie an einen Vorsatz, bevor Sie beginnen.

2. Zünden Sie das Rauchbündel an und blasen Sie es aus, bis nur noch Rauch austritt.

3. Wedeln Sie den Rauch zuerst über Ihren Kopf, dann über Herz, Rücken, alle Gliedmaßen und unter die Füße.

EINEN RAUM AUSRÄUCHERN

1. Öffnen Sie die Fenster des zu reinigenden Raums.

2. Denken Sie an einen Vorsatz, bevor Sie beginnen.

3. Zünden Sie das Rauchbündel an und blasen Sie es aus, bis nur noch Rauch austritt.

4. Bewegen Sie sich langsam durch den Raum und verteilen Sie den Rauch in den Ecken und an den Rändern des Raums.

Wenn Sie fertig sind, vergewissern Sie sich, dass Sie das Bündel vollständig ausgedrückt haben.

Selbstfürsorge

Zeit im Grünen zu verbringen stärkt das Immunsystem, fördert Kreativität und Energie und verbessert das Gedächtnis. Sich Zeit dafür zu nehmen, ist Selbstfürsorge.

Meditation im Freien stimuliert die Sinne und fördert die Verbundenheit mit der Außenwelt.

Das Betrachten der Sterne wird mit Stressabbau und einer stärkeren Verbindung zu dem, was größer ist als wir, in Zusammenhang gebracht.

Das Waldbaden hat seinen Ursprung in Japan und beinhaltet traditionell eine Zeremonie oder eine angeleitete Meditation. Im Wesentlichen geht es darum, Zeit im Wald zu verbringen, weit weg von Ablenkungen durch digitale Medien.

Gartenarbeit: Pflanzen Sie Blumen in einem Garten, pflegen Sie einen Gemeinschaftsgarten oder säen Sie Kräuter in einen Blumenkasten. Etwas anzubauen und zu pflegen ist gut für das Wohlbefinden.

Ein Aufenthalt am Meer wirkt sich positiv auf die geistige und körperliche Gesundheit aus. Salzwasser ist reich an Mineralien, die Luftqualität ist besser, und der meditative Zustand, den man am oder im Wasser erlebt, baut Stress und Ängste ab.

Sport im Freien treiben: Entlang von Wanderwegen und in Parks steht Ihnen ein Fitnessstudio kostenlos zur Verfügung!

Rezepte und Getränke

GEMÜSE DER SAISON:
Paprika, Frühlingszwiebel, Aubergine, Kopfsalat, Blattgemüse, Pastinake, Grünkohl, Rote Bete, Spinat, Lauch

KRÄUTER DER SAISON:
Basilikum, Petersilie, Estragon, Thymian, Schnittlauch

BELEBENDER FRÜHLINGSSAFT
ERGIBT ZWEI DRINKS

ZUTATEN

2 große Handvoll Spinat
2 Stangen Staudensellerie
1 großer grüner Apfel, entkernt
1 Banane
Saft von ½ kleinen Zitrone
2 TL Chiasamen
2 TL geriebener frischer Ingwer
350 ml Wasser

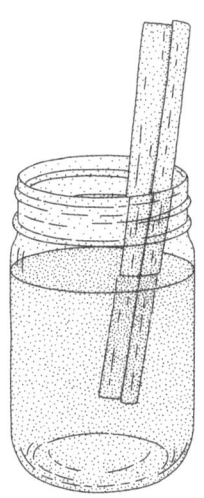

ZUBEREITUNG

1. Alle Zutaten in einen Mixer geben und pürieren, bis alles sämig ist. Eiswürfel hinzufügen und kühl servieren.

PASTINAKEN-TAJINE
FÜR VIER PERSONEN

ZUTATEN

Olivenöl	1 Liter Gemüsebrühe
1 weiße Zwiebel, fein gewürfelt	1 Tasse Perlgraupen
3 Knoblauchzehen, fein gehackt	2 x 400 g Kichererbsen (Dose)
1 TL gemahlene Kurkuma	2 Handvoll Spinat, gehackt
1 TL Paprika	85 g getrocknete Aprikosen, grob zerkleinert
1 EL Harissa	5 Rosmarinzweige, fein gehackt
4 Pastinaken, geschält und gewürfelt	1 EL frische Petersilie, fein gehackt
2 x 400 g gehackte Tomaten (Dose)	Salz und schwarzer Pfeffer

ZUBEREITUNG

1. Den Backofen auf 180 °C vorheizen.

2. Etwas Öl in einer Pfanne erhitzen. Die Zwiebeln darin einige Minuten hellbraun anbraten.

3. Knoblauch, Kurkuma und Paprika hinzugeben und verrühren.

4. Das Harissa zugeben und durchrühren.

5. Die Zwiebelmischung in eine ofenfeste Form geben, dann Pastinaken, Dosentomaten, Gemüsebrühe und Graupen hinzugeben und umrühren. 30 Minuten im Ofen garen.

6. Kichererbsen, Spinat, Aprikosen und Rosmarin hinzugeben und weitere 15 Minuten garen; noch etwas Brühe zugeben, falls es zu trocken aussieht.

7. Aus dem Ofen nehmen. Abschmecken, mit Petersilie bestreuen und mit Reis servieren.

Das Glück weitergeben

EINEN BAUM PFLANZEN

Eine sinnvolle Maßnahme, der Erde etwas zurückzugeben, ist es, einen Baum zu pflanzen und zu überlegen, wie wir Industrie und Hersteller unterstützen können, welche den Baumbestand und das Land erhalten, statt beides zu verwerten und zu dezimieren.

Bäume produzieren Sauerstoff und speichern Kohlendioxid, bieten Nahrung und Unterschlupf für die Tierwelt und sind die Bausteine für ganze Ökosysteme.

In diesem Monat üben wir, wie wir uns öffnen und präsent sein können. Daher passt es perfekt zu unserem Thema, wenn Sie buchstäblich Ihre Hände in die Erde stecken, sich in einer Gruppe freiwillig engagieren und Ihr soziales Netzwerk erweitern, um an der Entstehung neuen Lebens teilzuhaben.

LOS GEHT'S

Pflanzen Sie einen Baum! Am Tag der Erde finden vielerorts Baumpflanzaktionen statt. Oder suchen Sie eine Organisation in Ihrer Nähe, die Bäume pflanzt und die Sie unterstützen können. Wenn Sie selbst einen Garten haben, organisieren Sie Ihre eigene Baumpflanzaktion.

Unterstützen Sie „grüne" oder klimaneutrale Industrien und Unternehmen.

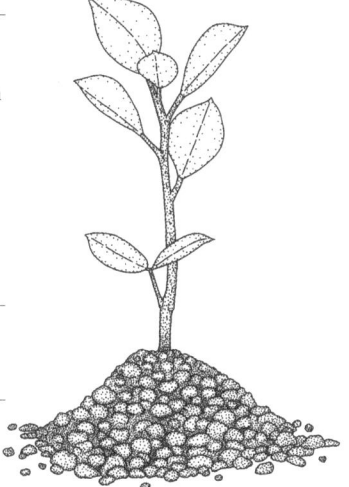

Umweltbewusst handeln

ABFALL SAMMELN

Eine ganz einfache Umweltaktion, die Sie in einer Gruppe oder allein durchführen können, ist das Aufsammeln von Müll. Es ist schockierend, dass immer noch Abfälle aus dem Auto geworfen, auf dem Boden und oder anderswo entsorgt werden als an den dafür vorgesehenen Stellen.

Fast-Food-, Getränke- und Süßwarenverpackungen sowie Zigarettenkippen verursachen den größten Müll. Die Verschmutzung durch Plastik ist ein zunehmendes Problem, das es zu bekämpfen gilt, vor allem, weil der Müll in unsere Meere gelangt.

Laut der in Großbritannien ansässigen Wohltätigkeitsorganisation „Surfers Against Sewage" finden sich etwa „51 Billionen Mikroplastikteile mit einem Gewicht von 269.000 Tonnen [im Meer]. Das entspricht etwa 1.345 ausgewachsenen Blauwalen und 500-mal der Anzahl der Sterne in unserer Galaxie." Erschreckend ist, dass nur 1 % des Meeresmülls schwimmt, während der größte Teil auf den Meeresboden sinkt.

Daher ist es so wichtig, dass der Müll in unseren Städten und ländlichen Gebieten eingesammelt wird, bevor er in die Ozeane gelangt. Egal, wo Sie leben – in einer Stadt, auf dem Land oder am Meer –: Machen Sie einen Spaziergang, entweder in einer Gruppe oder allein, und sammeln Sie den Müll ein, den Sie finden.

Kreativität

Denken Sie an etwas, auf das Sie hinarbeiten, das Sie weiterentwickeln oder demgegenüber Sie offener sein wollen. Das kann ein Gefühl, eine Gewohnheit, eine Erfahrung oder ein gewisser Zustand sein, den Sie verkörpern.

1. Nehmen Sie ein großes Blatt weißes Papier oder einen Notizblock.

2. Schließen Sie die Augen und stellen Sie sich das Gefühl oder was auch immer vor, das Sie oben bestimmt haben. Versetzen Sie sich ganz in diese Vorstellung hinein.

3. Zeichnen Sie sich selbst in Ihre Situation hinein – es spielt keine Rolle, ob Sie zeichnen können oder nicht. Sie können ein Strichmännchen zeichnen und Notizen dazu schreiben. Überlegen Sie, was Sie tragen, wie Ihr Haar aussieht, was Sie an den Füßen haben, wie Sie sich gebärden und welches Gesicht Sie aufgesetzt haben.

4. Bleiben Sie bei dieser Vorstellung, bauen Sie die Szene weiter aus und stellen Sie sich den Raum vor, in dem Sie sich befinden, was und wer noch dort sein könnte. Versuchen Sie, die Gerüche, die Temperatur und die Stimmung aufzunehmen, und zeichnen Sie dies auf einem zweiten Blatt Papier in einer separaten Skizze. Sie kann so abstrakt oder so figürlich sein, wie Sie möchten.

5. Erweitern Sie Ihre Visualisierung und stellen Sie sich vor, wie Ihr perfekter Tag aussehen würde – von dem Moment an, in dem Sie aufwachen, über Ihr Essen, Ihre Aktivitäten, die Orte, an denen Sie sich aufhalten, die Menschen, mit denen Sie Zeit verbringen, und die Gefühle, die Sie durch den Tag begleiten.

6. Zeichnen Sie die einzelnen Elemente dieser Vorstellung – die Aktivitäten, das Essen, die Getränke, die Menschen –, oder halten Sie jeden Teil schriftlich fest.

(7) Kehren Sie mit Ihrem Bewusstsein vollständig in die Gegenwart zurück. Sie sind genau hier, in diesem Moment, genau so, wie Sie sind. Stellen Sie sich kurz vor, dass Sie die Barrieren sehen können, die Sie daran hindern, sich vorwärts zu bewegen und sich für diese soeben gesehene perfekte Art zu leben zu öffnen. Das könnte ein Mangel an Selbstwertgefühl sein oder die Angst davor, was andere Menschen denken; davor, gesehen oder von anderen beurteilt zu werden. Skizzieren oder schreiben Sie die ausfindig gemachten Blockaden und Barrieren auf, die für Sie relevant sind.

(8) Als Nächstes weichen Sie diese Barrieren bewusst auf und bauen sie ab. Erinnern Sie sich an Ihr „Du" aus der ersten Skizze und stellen Sie sich vor, was es sagen würde, um diese Blockaden zu überwinden. Schreiben Sie zu jeder Barriere das Gegenteil davon auf.

(9) Zum Beispiel würde die Blockade „Angst davor, was andere denken" aufgeweicht werden durch den Gedanken, dass wir alle unser Bestes geben und dass die Menschen viel weniger Zeit damit verbringen, über uns nachzudenken, als wir annehmen. Vielleicht fällen sie eine Sekunde lang ein Urteil, gehen aber gleich wieder zu etwas anderem über. Denken Sie daran, dass Menschen aus ihrer eigenen begrenzten Sicht heraus urteilen. Und das ist nie persönlich, sondern sagt mehr über sie selbst aus als über Sie. Die Aussage könnte lauten: „Nimm die Urteile anderer Leute nicht persönlich".

(10) Kehren Sie zu der ersten Skizze zurück und schreiben Sie diese „entschärfenden" Aussagen als Affirmationen rund um sich selbst auf der Zeichnung auf.

Wie schon Arthur Ashe sagte: „Beginne dort, wo du bist. Nutze, was du hast. Tu, was du kannst." Sie haben immer die Macht des Gewahrseins auf Ihrer Seite. In jedem Augenblick wird Ihnen ein neuer Anfang oder ein Neubeginn angeboten. Sie können selbst eine Handlung wählen, die für Sie gut ist. Im Gewahrsein werden Sie daran erinnert, dass Sie stets eine Wahl haben: verschlossen und abgeschirmt zu bleiben oder sich mehr der Liebe zu öffnen.

Verbundenheit

Es ist immer etwas beunruhigend, sich zu öffnen, um intensiver zu leben und zu lieben. Denn was, wenn es nicht so klappt, wie wir es uns vorgestellt haben? Wenn es nicht funktioniert? Wenn wir verlieren, was wir gewonnen oder angehäuft haben? Was ist, wenn es uns nicht gefällt, wenn wir dort ankommen? Wer bin ich, dass ich das mache? Ich bin nicht erfahren genug! Die Leute werden über mich urteilen!

Angst hat viele Gesichter und kann uns lähmen, sodass wir klein bleiben oder im immer gleichen Trott feststecken.

Wenn wir als wahre Version von uns selbst in die Welt hinausgehen, versuchen wir nicht mehr, uns in eine Masse von Menschen einzugliedern, die wir eigentlich gar nicht sein wollen, sondern ziehen stattdessen Gleichgesinnte an und freunden uns mit ihnen an. Wir finden, wonach wir gesucht haben, indem wir verkörpern, wer wir wirklich sind, und nicht, indem wir uns verstecken.

Wahre Erfahrung wird im „Tun" erlangt. Etwas gut beherrschen zu wollen bedeutet Üben, also gibt es keine andere Lernmethode, als immer sein Bestes zu geben.

Jede Reise beginnt mit diesem ersten Schritt, gefolgt von einem weiteren und dann noch einem. Dazu müssen wir uns darüber im Klaren sein, wohin wir gehen wollen, indem wir uns ein Ziel setzen, und wir müssen wissen, dass wir etwas unternehmen müssen, um voranzukommen, sei es auch nur ein kleiner Schritt. „Beginne dort, wo du bist. Nutze, was du hast. Tu, was du kannst" – aber machen Sie auf jeden Fall einen Schritt in die Richtung des Lebens, das Ihnen vorschwebt.

Indem wir die Kontrolle darüber abgeben, wie die Reise aussehen oder ablaufen soll, lassen wir Raum für Magie, und erst dann findet wirkliches Lernen statt. Vertrauen Sie darauf und denken Sie daran, dass jede Reise mit Herausforderungen und Rückschlägen verbunden ist; die gehören dazu. Indem wir präsent, offen und in Bewegung bleiben, schaffen wir Raum für göttliches Timing und Zufälle, die den Weg vor uns pflastern.

Bleiben Sie der Gegenwart verbunden und weiterhin offen, vertrauen Sie dem inneren Kompass Ihres Herzens und genießen Sie die Reise.

Tagebuch

Warum wehre ich mich dagegen, den Augenblick zu leben? Was in meinem Leben lenkt mich am meisten ab?

Was hält mich davon ab, mich dem zu nähern, was ich mir wünsche? Welche kleinen Schritte kann ich gehen und welche Versprechen kann ich mir selbst geben, um mich in Richtung Liebe zu bewegen?

Wie würde es sich anfühlen, in jedem Moment wirklich präsent zu sein mit jedem Menschen, jedem Tier und der natürlichen Welt um mich herum? Was hindert mich daran, all dem, was mich umgibt, eine offene, gütige und arglose Präsenz anzubieten?

APRIL

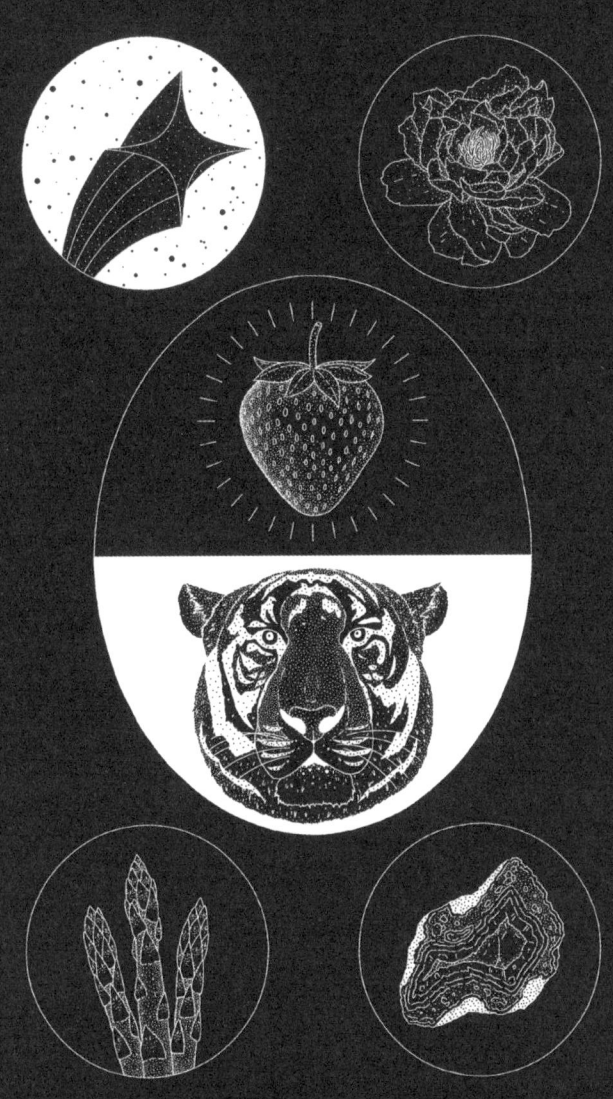

Mai

Der Mai ist der letzte Frühlingsmonat
und lädt uns ein, die Leuchtkraft der Farben,
das Leben und die Schönheit um uns herum
zu genießen. Von der Fülle der Frühlingsblumen bis zum sanften Sonnenlicht:
Erleichtert entspannen wir uns, weil
sich das, wovon wir im Winter geträumt
haben, endlich erfüllt hat.

Maifeiern gibt es auch heute noch auf der Nordhalbkugel, wo man zum Tanzen und Singen
zusammenkommt, gemeinsam speist und sich an
frischem Grün und Blumen erfreut. Die heidnischen
Traditionen im Mai huldigen der Heiterkeit,
dem Überfluss und der Dankbarkeit.
Sind Sie bereit zu spielen? Unser Thema für
diesen Monat lautet: Dankbarkeit.

„Dein Mantra ist ‚Danke‘. Erkläre nichts, beschwere dich nicht, sage einfach immer wieder Danke.“

Erzählung

Ein Schüler war frustriert und unzufrieden mit seinem Leben und erfüllt von Sorge um seine Zukunft. Eines Tages ging er zu seinem Lehrer, um sich Rat zu holen.

Er zählte ihm auf, was er alles nicht besaß und noch nicht erreicht hatte, und der Lehrer hörte ihm eine Stunde lang geduldig zu.

Schließlich bat der Schüler um Bestätigung. Der Lehrer sagte: „Ich möchte dir eine Geschichte erzählen.

Eines Tages wanderte ein Mönch friedlich durch die Berge, als er von einem Tiger gejagt wurde, der ihn bis an den Rand einer Klippe trieb. Um zu entkommen, klammerte sich der Mönch an eine Liane, die vom Rand herabhing, und hielt sich verzweifelt daran fest. Dann bemerkte er, dass unter ihm drei weitere Tiger lauerten. Als er nach links und rechts schaute und überlegte, was er tun könnte, sah er eine große, saftige, reife Erdbeere. Was für eine herrliche Erdbeere, sagte er zu sich selbst und aß sie."

Der Schüler wartete gespannt auf das Ende der Geschichte, aber der Lehrer schien fertig zu sein und schenkte Tee ein.

„Aber was passierte dann?", fragte der Schüler. „Wurde er von den Tigern gefressen?"

„Darum geht es gar nicht", antwortete der Lehrer. „In der Geschichte geht es darum, die Erfahrung, am Leben zu sein, anzuerkennen und zu schätzen. Du wirst ständig von Tigern gejagt, von den Gedanken, die dir sagen, dass du besser sein und mehr haben könntest, dass die Dinge anders sein könnten. Du kannst nicht wirklich lebendig sein, wenn du in Angst lebst – und wenn du in Angst lebst, entgeht dir das wunderbare Leben, das dich umgibt. Statt dich zu beschweren, solltest du die Schönheit, die dich bereits umgibt, wahrnehmen und dann erkennen, wie sich deine Erfahrung, lebendig zu sein, verändert."

Sterne, Mond, Sonne

Beltane ist ein keltisches Fest, das am 1. Mai gefeiert wird. Der Mai wurde nach der griechischen Göttin Maia benannt, die für Fruchtbarkeit, Munterkeit und Blumen steht.

STERNE
STIER (21. APRIL BIS 21. MAI) – ERDZEICHEN
Der Stier wird von Venus, dem Planeten der Liebe und Anziehung, beherrscht und durch den Stierkopf dargestellt, ein Symbol für Sturheit, Stärke, harte Arbeit und Beharrlichkeit.

Anfang Mai kreuzt die Erde die Umlaufbahn des Halleyschen Kometen, und wir können die Materiekörnchen sehen, die der Komet auf seiner Reise abwirft und die beim Eintritt in unsere Atmosphäre als Sternschnuppen verglühen.

MOND
Der Vollmond im Mai wird aus naheliegenden Gründen als Blumenmond bezeichnet. Eine andere Bezeichnung ist Milchmond oder im Englischen auch „Mother's Moon", weil er für das Blühen der Blumen, die Fruchtbarkeit und die Aufzucht des Jungviehs steht.

SONNE
Die UV-Strahlung ist in den Frühlings- und Sommermonaten am stärksten, daher sollte man sich immer mit Sonnenmilch eincremen und nur begrenzt der Sonne aussetzen.

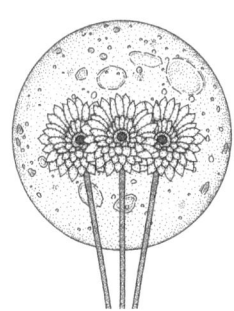

Erde

KRISTALL: CHALZEDON

Chalzedon gibt es in mehreren Farben, am häufigsten jedoch in Weiß, Grau, Blau und Braun. Er sorgt für mehr Güte und Großzügigkeit und verwandelt Traurigkeit in Freude. Verwenden Sie ihn bei Meditations- oder Heilpraktiken, um Körper, Geist und Seele in Einklang zu bringen.

CHALZEDON

Großzügigkeit	*Emotionales Gleichgewicht*
Güte	*Zähigkeit*
Energie	*Durchhaltevermögen*

MAIBLUMEN: KIRSCHBLÜTE, FLIEDER, MAGNOLIE, FREESIE, PFINGSTROSE, WICKE, TULPE

Unser Favorit: Pfingstrose – Die in Nordamerika, Europa und Asien beheimatete Pfingstrose ist eine duftende Blume, deren Farben von Rot, Rosa und Weiß bis Gelb und Violett reichen. Pfingstrosen symbolisieren Wohlstand, Liebe und Reichtum und eignen sich perfekt als Zeichen der Dankbarkeit.

ÄTHERISCHES ÖL: NEROLI

Neroliöl wird aus der Blüte des Bitterorangenbaums gewonnen, der in Ostafrika und Asien wächst. Es hat ein leichtes, süßes Aroma, das mit Schönheit, Güte und Königlichkeit assoziiert wird.

Das ätherische Öl der Orangenblüte wird aus dem gleichen Baum gewonnen, aber durch ein anderes Verfahren. Neroli wird durch Wasserdampf extrahiert, die Orangenblüte durch Lösungsmittel oder durch ein Verfahren, das als Enfleurage bekannt ist.

Affirmationen

DANKBARKEIT VERÄNDERT ALLES

Dankbarkeit zu praktizieren bedeutet anzuerkennen, dass das Leben aus Licht und Schatten besteht. Wenn wir mit Herausforderungen konfrontiert werden oder das Gefühl haben, es würde uns etwas fehlen, strömt unsere gesamte Energie oft in Richtung dessen, was wir nicht haben oder von dem wir uns wünschen, es wäre anders. Je mehr unsere Energie in diese Richtung fließt, desto schlechter fühlen wir uns – denn wir gießen noch mehr Öl ins Feuer.

Sich bewusst dankbar zu zeigen heißt, die Aufmerksamkeit auf das zu lenken, was wir bereits haben – auch auf die Dinge, die wir oft als selbstverständlich ansehen – und dafür Danke zu sagen.

Die eine Frau lebt vielleicht in einer festen Beziehung, hätte aber gerne ein Baby, und so lässt sie ihre gesamte Energie in das hineinfließen, was ihr fehlt. Die nächste Frau ist vielleicht alleinstehend und sehnt sich nach einem Partner, liebt aber ihre Arbeit. Die dritte könnte eine Mutter von zwei Kindern sein, die glücklich verheiratet ist, aber ihren Job hasst. Jede sehnt sich nach dem, was die andere hat, vergisst aber oft die glücklichen Umstände, in denen sie selbst lebt.

Bewusst dankbar für etwas zu sein, bedeutet nicht, sich keinen Herausforderungen mehr stellen zu müssen, ist jedoch ein Weg, um eine positive Einstellung zu nähren und diese Herausforderungen abzuschwächen.

Ihre Affirmationen könnten diesen Monat lauten:

„Wo ich auch hingehe und schaue, ich sehe Schönheit überall, in allen Menschen und an allen Orten."

„Ich lebe mein Leben voller Achtsamkeit und Dankbarkeit."

„Ich gebe meine Gefühle und Urteile an das Universum ab."

„Ich möchte hier und jetzt dankbar sein und offen dafür bleiben, mehr segensreiche Momente zu empfangen."

Meditation

DANKBARKEITSMEDITATION

1. Schließen Sie die Augen und atmen Sie ein paarmal tief ein.

2. Lassen Sie Ihre Aufmerksamkeit durch Ihren Körper hindurch und um ihn herum strömen und ziehen Sie einen „roten Faden" der Dankbarkeit durch jeden Körperteil hindurch – für Ihre Augen, Ihre Ohren, Ihre Stimme und Ihr Herz.

3. Halten Sie Ihren ganzen Körper in Ihrer Aufmerksamkeit. Spüren Sie die energetischen Schwingungen und seien Sie dafür dankbar.

4. Verspüren Sie für jeden Atemzug ein Gefühl der Dankbarkeit.

5. Atmen Sie die saubere Luft ein, die die Bäume Ihnen geben.

6. Atmen Sie aus und geben Sie den Bäumen etwas zurück.

7. Rufen Sie sich beim Meditieren drei Dinge in Erinnerung, für die Sie dankbar sind – eine Person, einen Ort, ein vergangenes Erlebnis, etwas, worauf Sie sich freuen, eine nette Geste –, und spüren Sie mit ganzem Herzen die Liebe und Dankbarkeit.

8. Legen Sie zum Schluss beide Hände auf Ihr Herz. Atmen Sie lange, langsam und tief ein und seien Sie dankbar für sich selbst und dafür, dass Sie Ihr Bestes geben.

MAI

Bewegung

BEWEGUNG IN DER GRUPPE

Der 1. Mai wurde traditionell mit einem Fest samt Tanz gefeiert.
Inmitten einer Gruppe von Menschen zu sein, die alle ihren Körper
bewegen, sei es in einer bestimmten Abfolge oder ganz frei, kann
ein sehr verbindendes Erlebnis sein und für ein starkes Hochgefühl
sorgen.

Die Bewegungstherapie (oder Tanztherapie) wird immer mehr
zu einem anerkannten therapeutischen Ansatz für das Wohlbefinden. Dazu gehören häufig auch Gruppengespräche vor und
nach der Bewegungssession, um sicherzustellen, dass das Ganze
auch zielführend ist. Ganz gleich, ob Sie sich für eine individuelle
Bewegungstherapie entscheiden oder sich voll und ganz auf
Gruppentherapie einlassen, Sie werden gewiss davon profitieren.

LOS GEHT'S

Nehmen Sie an einem Tanzkurs teil. Das kann ein
Schnupperkurs in einem Fitnessstudio sein, ein
gemeinschaftlicher Zumba-Kurs, Hip-Hop, Salsa oder
Line Dance. Oder laden Sie ein paar Freunde ein,
suchen Sie einen Tanzkurs auf Youtube und los geht's!

YOGAHALTUNGEN FÜR DANKBARKEIT UND DEMUT

**Yogapyramide (intensive
Dehnung der Flanken)**
(*Parsvottanasana*)

Im Stehen den einen Fuß auf der Yogamatte einen Schritt zurückstellen, sodass Ihre Füße etwa 1 m auseinander stehen. Den hinteren Fuß um 45 Grad nach außen drehen und darauf achten, dass sich Ihr vorderes Becken im rechten Winkel zur Vorderkante der Matte befindet. Beide Hände an die Hüften legen. Beugen Sie sich mit gestreckten Beinen mit der Brust von der Hüfte aus über das vordere Bein; legen Sie die Hände auf dem Boden oder auf Blöcken ab – als ob Sie sich ergeben wollten.

Krieger I
(*Virabhadrasana*)

Machen Sie aus dem Stand mit dem rechten Fuß einen Ausfallschritt nach hinten; stützen Sie sich mit den Händen zu beiden Seiten des linken Fußes ab. Mit dem vorderen Fuß fest auf den Boden drücken und den Oberkörper ganz aufrichten. Der linke Fuß zeigt zur Vorderkante der Matte, der rechte Fuß ist 45 Grad nach außen gedreht. Beide Arme über den Kopf heben, dabei die Schultern unten lassen. Das Kinn heben, nach oben zu den Händen schauen und atmen. Auf der anderen Seite wiederholen.

Ritual

TÄGLICHE NOTIZEN ZUR DANKBARKEIT

Jeden Tag bewusst für etwas dankbar zu sein, hat an Popularität gewonnen. Spirituelle Lehrer, Internetgurus und Lifestyle-Dienstleister führen stolz vor, dass sie Dankbarkeitsrituale praktizieren … und die sind ja auch einfach und wirkungsvoll. Sie lenken unseren Fokus zurück auf den Augenblick und halten uns davon ab, schlafwandlerisch durch den Tag zu gehen, uns in Gedanken zu verlieren.

Schreiben Sie jeden Abend vor dem Schlafengehen drei Dinge auf, für die Sie dankbar sind und wie Sie sich dabei gefühlt haben. Das war es auch schon: Egal, was Ihr Tag gebracht hat, schreiben Sie drei Dinge auf.

Im Angesicht eines Verlustes mag das helfen, uns daran zu erinnern, welche schönen Dinge wir erlebt und geschenkt bekommen haben. An den härtesten Tagen mag es als Stütze dienen, uns an das ausgeglichene Verhältnis von Licht und Schatten zu erinnern. An den wildesten, schönsten Tagen lässt es uns mitunter die Freudenschwingungen noch intensiver erleben, und das ist ein tolles Feeling.

Selbstfürsorge

DANKBARKEIT ZEIGEN

Sagen Sie Danke – für alles! Für jede Mahlzeit und jedes Glas Wasser, für Sonne und Regen, für Ihren Körper und Ihren Geist, für Schuhe und Mantel, die Sie tragen, für das Essen im Bauch und den Atem in der Lunge, für das Auto, das Sie fahren und den Bus, den Sie nehmen. Seien Sie dankbar für den Fremden, der Sie anlächelt, und dafür, am Leben zu sein.

Verbringen Sie (mindestens!) einen ganzen Tag damit, einfach Danke zu sagen – zu Ihrer Umgebung, Ihrem Essen, Ihrer Begleitung, Ihren Erlebnissen und besonders zu Ihnen selbst!

Selbstliebe bedeutet, sich selbst zu akzeptieren und zu respektieren. Danken Sie Ihrem Körper dafür, dass Sie diese Welt erkunden können. Danken Sie Ihrem denkenden Geist in all seiner Komplexität. Danken Sie dem Teil von Ihnen, der sein Bestes gibt, dem Teil von Ihnen, der aus Ihren Fehlern lernt, dem Teil, der alles durchgestanden hat, um genau da zu sein, wo Sie jetzt sind.

EINE DANKBARKEITSGRUPPE GRÜNDEN

Vor einigen Jahren haben drei Freunde und ich uns ein Jahr lang eine Dankbarkeits-Challenge verordnet: Jeden Morgen simsten wir uns drei Dinge zu, für die wir dankbar waren, und eine Sache, die wir am Tag zuvor getan hatten, für die vielleicht jemand anderes dankbar sein könnte. Es war eine Freude, sich gegenseitig dabei zuzusehen, und wir gaben uns gegenseitig viel Zuspruch. Eines Morgens schrieb Andy, dass seine Großmutter am Vortag verstorben war, und zählte dann all die Dinge auf, für die er seiner Großmutter dankbar war, wie er sie geschätzt und geliebt hatte.

Bilden Sie eine kleine Gruppe – nicht mehr als vier Personen, damit Verantwortlichkeit und Vertrauen gewährleistet sind. Schreiben Sie sich im Mai jeden Morgen eine Nachricht mit drei Dingen, für die Sie am Vortag dankbar waren, und einer Sache, von der Sie glauben, dass jemand anderes sie am Vortag an Ihnen zu schätzen wusste.

Rezepte und Getränke

GEMÜSE DER SAISON:
Frühlingserbse, Zucchini, Spargel, Spinat, Meerfenchel, Frühlingszwiebel, Frühkartoffel, Bärlauch

KRÄUTER DER SAISON:
Minze, Dill, Basilikum, Estragon, Rosmarin

TEMPURA MIT BÄRLAUCH
FÜR VIER PERSONEN ALS VORSPEISE

ZUTATEN

Bärlauch mit Blüten	1 Ei
120 g normales oder gluten-freies Mehl	aus Freilandhaltung
	Olivenöl
225 ml kaltes Wasser	Sojasauce zum Servieren

ZUBEREITUNG

1. Den Bärlauch abspülen und die Enden abschneiden.

2. Mehl, Wasser und Ei zu einem Tempurateig verquirlen.

3. Die Bärlauchblüten in den Teig tauchen, bis sie ganz bedeckt sind.

4. In heißem Öl etwa 2 Minuten frittieren, bis sie braun sind.

5. Mit Sojasauce in einer kleinen Schüssel zum Dippen servieren.

FRÜHLINGSSAFT
FÜR VIER PERSONEN

ZUTATEN

2 Äpfel, entkernt

4 Datteln, entkernt

1 Handvoll Spinat

1 Handvoll Grünkohl

450 ml Kokosnussmilch

1 Spritzer Ahornsirup (optional und nach Geschmack)

ZUBEREITUNG

1. Alle Zutaten in einen Mixer geben und ein paar Minuten pürieren.

Das Glück weitergeben

DANKSAGUNGEN SCHREIBEN

Denken Sie an fünf Menschen in Ihrem Leben, für die Sie wirklich dankbar sind. Schreiben Sie ihnen eine Postkarte, mit der Sie ihnen sagen, wie toll sie sind und wie dankbar Sie sind, sie in Ihrem Leben zu haben.

Heutzutage ist es eine schöne Überraschung, Post zu erhalten. Jemandem einfach so eine Karte zu schicken – nicht nur zum Geburtstag – und seine Liebe und Wertschätzung zu bekunden, gibt nicht nur dem Empfänger, sondern auch Ihnen ein gutes Gefühl.

SEIEN SIE DER GRUND, WARUM EIN FREMDER DANKBAR IST

WÄHLEN SIE AUS DEN FOLGENDEN MÖGLICHKEITEN:

Hinterlassen Sie eine Münze auf einem Parkscheinautomaten.

Kaufen Sie ein zusätzliches Exemplar Ihres Lieblingsbuchs und deponieren Sie es an einem öffentlichen Ort mit einer kurzen Nachricht für den Finder.

Zahlen Sie auf einer mautpflichtigen Brücke für die Person hinter Ihnen.

Geben Sie jemandem, der es verdient, ein großzügiges Trinkgeld.

Umweltbewusst handeln

KOMPOSTIEREN

Werden organische Stoffe auf Mülldeponien gelagert, fehlt ihnen der nötige Sauerstoff, um effizient abgebaut zu werden, sodass schädliche Methangase freigesetzt werden.

Kompostieren dient dazu, Abfälle für neues Leben, für Erneuerung zu nutzen und der Erde etwas zurückzugeben. Es gibt dafür mehrere Lösungen: vom offenen Komposthaufen im Garten bis hin zu Wurmkompostern in geschlossenen Räumen in Ermangelung von Platz im Freien.

Im Folgenden finden Sie einige Hinweise zur Kompostierung, darunter auch, was Sie kompostieren können und was nicht:

Eiweißreiche Stoffe – Lebensmittelabfälle (aber nichts Gekochtes!), Teebeutel, Obst- und Gemüsereste und -schalen, Kaffeesatz, Grasschnitt, Eierschalen

Kohlenstoffreiches Material – Holzabfälle, Heu, Zeitungspapier, Asche

Feuchtigkeit – Geben Sie alle paar Wochen etwas Wasser in die Komposttonne oder lassen Sie den Regen hineinrieseln. Legen Sie einige Zweige auf den Boden Ihrer Komposttonne, um eine gute Drainage zu gewährleisten, und stellen Sie Ihre Tonne an einem Ort mit guter Entwässerung auf.

Wärme – Decken Sie Ihre Komposttonne ab, damit nicht zu viel Wasser eindringt und die Wärme erhalten bleibt.

Sauerstoff – Legen Sie ab und an ein paar Lagen zerknülltes Zeitungspapier hinein, sodass Sauerstoff in der Tonne ist. Sie können die Tonne gelegentlich auch „umrühren", um für den Sauerstofftransport zu sorgen.

Würmer – Würmer finden ihren Weg in Komposttiertonnen im Garten meist von selbst. In der Stadt beschleunigt die Zugabe von Würmern in einen Kompostierer den Kompostierungsprozess. Am besten sind Kompostwürmer (eine Regenwurmart) geeignet. Sollten Sie diese nicht in Ihrem Garten finden, versuchen Sie es im Gartencenter oder online.

Was nicht in die Tonne gehört – Fleisch, Fisch, Knochen oder Milchprodukte; Hunde- oder Katzenkot oder Katzenkloabfälle.

Kreativität

FLOWER POWER

Im Mai gibt es auf der gesamten Nordhalbkugel eine Fülle von
Blumen, und es ist ein Akt der Kreativität, der Selbstfürsorge und
der Dankbarkeit, sich mit ihnen zu umgeben!

Eine in Japan durchgeführte Studie aus dem Jahr 2014 unter-
suchte die Auswirkungen von Blumen und Pflanzen auf unsere
geistige Gesundheit. Fazit: „Testpersonen, die von Rosen umgeben
waren, zeigten einen hohen Frequenzanteil der Herzfrequenz-
variabilität, die erheblich höher war als bei den Kontrollpersonen.
Auch fühlten sich die Personen häufiger ‚wohler‘, ‚entspannter‘ und
‚natürlicher‘."

Von Blumen umgeben zu sein, scheint uns von innen heraus
zum Lächeln zu bringen und lässt uns die Schönheit der natürlichen Welt entdecken. Bringen Sie in diesem Monat Blumen in Ihr
Leben.

GEPRESSTE BLUMEN UND BLÄTTER

Die meisten können sich daran erinnern, wie sie als Kinder Blumen
gepresst haben, haben aber als Erwachsene keine Zeit mehr dafür.
Kaufen oder pflücken Sie (mit Erlaubnis) Ihre Lieblingsblume
und legen Sie sie in eine Blumenpresse oder zwischen zwei Seiten
saugfähiges Papier unter einen Stapel Bücher. Je nachdem, welche
Blume Sie genommen haben, sollten Sie sie etwa drei Wochen lang
trocknen lassen. Fertigen Sie mit gepressten Blumen Grußkarten
an, verzieren Sie damit Ihre Tagebücher oder rahmen Sie sie für
sich selbst oder als Geschenk ein.

BLUMENDEKO

Blumengebinde und Floristik gehen bis in die ägyptische Zeit
zurück. Nehmen Sie sich etwas Zeit, um gekaufte oder gepflückte
Blumen und Blätter liebevoll zusammenzustellen, bis Sie ein
Arrangement geschaffen haben, das Sie zum Lächeln bringt.

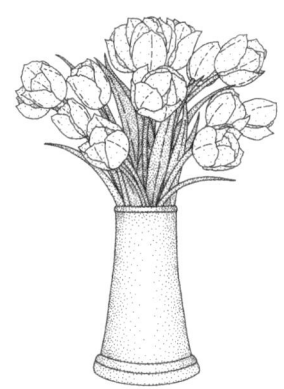

BLUMENOPFER

Kadō, die japanische Kunst des Blumensteckens, geht bis ins
7. Jahrhundert zurück, als Blumen als Opfergaben auf Altären
dienten. Auf der indonesischen Insel Bali werden täglich kleine
Schalen mit bunten Blumen, süßen Speisen und Räucherstäbchen
auf den Straßen und Altären dargebracht. Wählen Sie Ihre duftende
Lieblingsblume und stellen Sie sie auf Ihren Altar.

BLUMEN SCHENKEN

Verschenken Sie in diesem Monat Blumen als Zeichen der Dankbarkeit, Unterstützung und Liebe an liebgewonnene Personen, an
Menschen in Ihrer Umgebung oder an Bekannte. Diese Menschen
werden lächeln und Sie ebenso.

BLUMEN PFLANZEN

Blumenkästen sind preiswert oder können leicht selbst hergestellt
werden. Sie bringen Farbe und Freude an jedes Fenster – drinnen
oder draußen, in der Stadt oder auf dem Land.

Verbundenheit

Dankbarkeit ist eine bewusste Entscheidung. Wenn wir sie lange genug an den Tag legen, wird sie Teil unseres unbewussten Handelns und schafft eine Basis, von der aus wir allen Lebenserfahrungen begegnen können.

Auf einer tieferen Ebene erinnern uns Dankbarkeitsübungen daran, dass wir nicht das Steuer in der Hand haben. Auch wenn wir meinen, wir wüssten es besser, hat das Leben doch oft etwas anderes mit uns vor.

Mit etwas Übung werden unsere Ansprüche, dass das Leben einen bestimmten Weg nehmen soll, und die Frustration, wenn dies nicht der Fall ist, geringer. Wir sind in der Lage, uns dem Leben verbundener zu fühlen und ihm dankbarer zu sein, so wie wir es erfahren – das Leben, das es uns erlaubt, zu atmen, zu lieben und zu geben. Wir merken dann, dass wir ein Teil der Komplexität des Lebens sind – nicht getrennt von ihm, sondern mit ihm verwoben.

Manche Erfahrungen sind schmerzhaft und traumatisch, aber wir haben in der Regel zwei Möglichkeiten: uns im Angesicht der härtesten Erfahrungen zu verschließen oder uns zu öffnen, heller und stärker zu strahlen und uns daran zu erinnern, wie wichtig es ist, gütig zu sein.

Dankbarkeit muss aufrichtig sein. Es geht nicht darum, so zu tun, als ob wir für den Schmerz dankbar wären, wenn wir Schmerzen haben; es geht darum, sich der Liebe bewusst zu werden, die uns umgibt, uns moralische Unterstützung bietet und uns diesen Schmerz ertragen lässt. Die Lehren aus dem Schmerz werden sich uns später offenbaren.

Egal, wer oder wo wir sind und wie auch immer unsere Lebensumstände aussehen mögen: Wir können in jedem Augenblick dankbar sein.

Tagebuch

„Es ist ein wunderbarer Tag.
Den habe ich noch nie erlebt."

Maya Angelou

DANKBARKEIT

Für welche zehn Dinge – große und kleine –
bin ich dankbar, und wie fühle ich mich dabei?

Für welches Erlebnis oder Ereignis in der Vergangenheit bin ich wirklich dankbar? Wer war dabei, was habe ich getan, wo war ich?

Auf welche Erfahrung oder welches Ereignis freue ich mich, sei es geplant oder nur erdacht?
Wie wird es sich anfühlen, wenn es so weit ist?

MAI

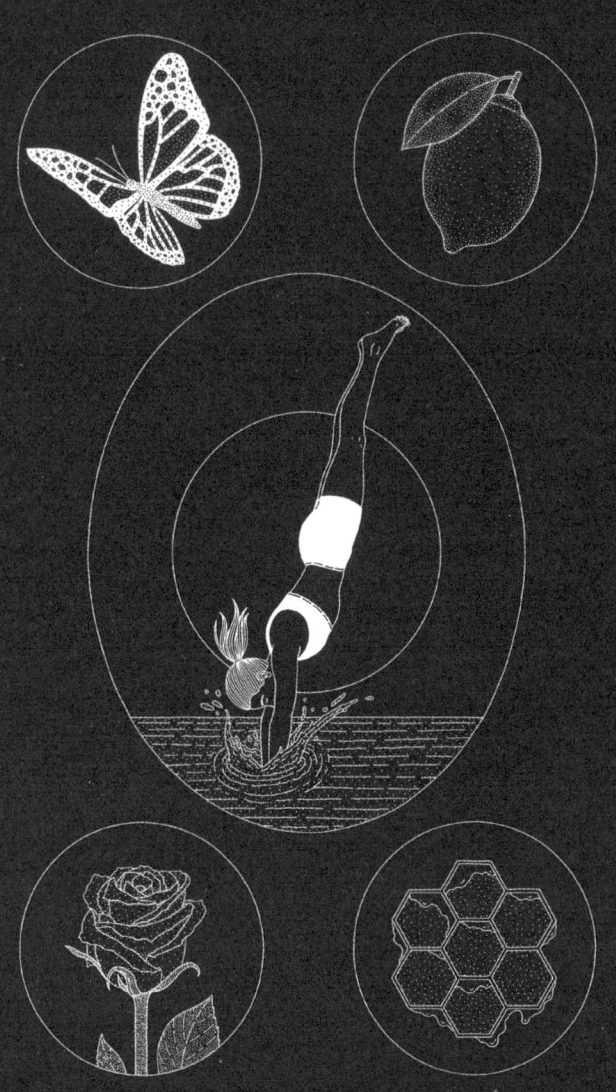

Juni

Während die Tage so lang werden wie
ganz weit ausgestreckte Arme, gibt uns
der Juni die Gelegenheit, das Beste aus
den hellen, langen Abenden und der
uns umgebenden Fülle zu machen.
Der Juni bringt die Sommersonnenwende,
den längsten Tag des Jahres, mit
sich, und dazu Sonnenschein, eine
positive Einstellung, strahlenden
Glanz und Freude.

Eine dynamische weibliche Energie durchzieht
die natürliche Welt. Und so werden wir in diesem
Monat unsere Lebenskraft weiter ausbauen,
unser eigenes Licht strahlen lassen und die
Vollkommenheit allen Lebens, die mit allem
verwoben ist, ehren. Unser Thema für diesen
Monat ist daher: Vitalität.

„Wenn wir unser eigenes Licht strahlen lassen, erlauben wir anderen unbewusst, es uns gleichzutun. Wenn wir von unseren eigenen Ängsten befreit sind, befreit unsere Präsenz automatisch auch andere."

MARIANNE WILLIAMSON
AMERIKANISCHE AUTORIN

Erzählung

Ein Häuptling vom Stamm der nordamerikanischen Abenaki erzählte seinem Volk von einem Großen Geist, der einst herabschaute und nichts sah: keine Farbe, keine Bewegung, kein Geräusch. Nichts war zu sehen oder zu spüren; in der Stille herrschte nur Dunkelheit. Also beschloss der Große Geist, den Raum mit Licht und Leben zu füllen.

Tolba, die Große Schildkröte, wurde aus dem Wasser beordert, um das Land und die Berge zu formen, und auf ihrem Rücken entstanden Täler. Der Himmel wurde mit Blau überflutet und spiegelte die Ozeane wider, und alles ruhte in seiner Vollkommenheit und Schönheit, bereit, Leben aufzunehmen.

Der Große Geist wollte den perfekten Plan entwerfen – wie das Leben wäre, wie es aussähe, was es machte, wo es zu finden wäre. Der Große Geist dachte angestrengt nach, wurde müde und schlief ein.

Im Traum des Großen Geistes erschien ihm die ganze Schöpfung. Tiere krabbelten auf vier Beinen, und einige flogen in den Himmel. Insekten tummelten sich zwischen den Farben und Pflanzen, die das Land bedeckten, die Laute der Wölfe und der Gesang der Vögel waren zu hören. Das Licht tanzte über dem Ozean, in dem Fische schwammen. In der menschlichen Liebe lag die Kraft der Magie. Im Traum dachte der Große Geist: „Nichts kann so perfekt sein."

Als der Große Geist erwachte, sah er einen Biber an einem Blatt nagen, das am Ufer eines langsam fließenden, fischreichen Flusses lag. Alles, was der Große Geist geträumt hatte, wurde wahr. Als der Große Geist staunend beobachtete, wie Insektenbauten entstanden, die Kühe weideten und die Vögel bei Sonnenaufgang sangen, wusste er, dass alles seinen Platz hat, alles miteinander verwoben ist und eine Lebendigkeit in all ihren Formen hervorbringt.

Sterne, Mond, Sonne

Die Sommersonnenwende, auch bekannt als Mittsommer, findet zwischen dem 20. und 22. Juni statt und ist Anlass zum Feiern. Die Sonne steht an ihrem höchsten Punkt, direkt über dem Wendekreis des Krebses, und legt den längsten Weg über den Himmel zurück, was zum längsten Tag des Jahres führt und den ersten Tag des astronomischen Sommers markiert.

STERNE
ZWILLINGE (22. MAI BIS 21. JUNI) – LUFTZEICHEN
Das Zeichen Zwillinge wird in der griechischen Mythologie durch Kastor und Pollux repräsentiert. Die Zwillinge galten als die Schutzpatrone der Seefahrer und Reiter.

MOND
Der Vollmond im Juni wird auch als Erdbeermond bezeichnet – weil die Frucht in diesem Monat in Hülle und Fülle wächst.

SONNE
Nach der Sommersonnenwende hört der Punkt am Horizont, an dem die Sonne auf- und unterzugehen scheint, auf, sich zu bewegen und ändert seine Richtung.

Erde

KRISTALL: GOLDFLUSS

Goldfluss ist ein künstlich hergestellter Stein mit glitzernden Kupferflecken, der mit dem Sakral- und Kehlchakra in Verbindung gebracht wird und Ehrgeiz, Beherztheit und Lebenskraft fördert. Goldfluss ist in der Regel tiefrot, kann aber auch blaugrün sein.

GOLDFLUSS

Lebenskraft	*Harmonisierung*
Energie	*Entschlossenheit*
Beherztheit	*Kraft*
Erdung	*Beharrlichkeit*

JUNIBLUMEN: ROSE, HORTENSIE, MAGNOLIE, ECHINACEA, WEISSDORN

Unser Favorit: Magnolie – Die aus Ostasien und Nordamerika stammende Magnolie symbolisiert Würde, Vornehmheit und weibliche Energie. Sie steht für Schönheit und Reinheit und ist eine beliebte Blume für Brautsträuße.

ÄTHERISCHES ÖL: ZITRONENÖL

Das ätherische Öl der Zitrone ist ein belebendes, energiespendendes und erfrischendes Aromatherapieöl. Es fördert Wachsamkeit und Konzentration.

JUNI

Affirmationen

Die Wurzel des Wortes Vitalität findet sich im lateinischen Wort *vita* („Leben"). Vitalität ist etwas, das alle Lebewesen durchdringt; sie ist das Leben selbst. Um die Vitalität in uns zu fördern, müssen wir das Gefäß nähren, in dem sie sich befindet: unseren Körper und unseren Geist. Wenn wir vom Tun zum Sein übergehen, geben wir der Lebenskraft in uns die Chance, im gegenwärtigen Augenblick zu strahlen. Wenn wir die mentalen Blockaden auflösen, die uns daran hindern, uns mit der Liebe und dem Leben in uns selbst zu verbinden, werden wir zu einem helleren Ausdruck dieser Lebenskraft.

Der spirituelle Lehrer Eckhart Tolle sagt: „Der Verstand ist stets bemüht, den gegenwärtigen Moment mit der Vergangenheit und der Zukunft zu verschleiern, um sicherzustellen, dass er die Kontrolle behält. Und so, wie die Vitalität und das unendliche schöpferische Potenzial des Seins, das untrennbar mit dem Jetzt verbunden ist, durch die Zeit verdeckt wird, wird auch deine wahre Natur durch den Verstand verdunkelt."

Dieser Monat ist die Zeit für diese Affirmationen:

*„Ich lasse das Leben und die Lebenskraft
durch mich hindurchfließen."*

*„Ich nehme die täglichen Wunder und die
natürliche Welt um mich herum wahr."*

*„Ich bin auf die Frequenz des Lebens und
der Liebe eingestimmt."*

*„Das Leben selbst ist ein Wunder und
ich bin der perfekte Ausdruck davon."*

„Ich gönne mir Freude."

Meditation

MEDITATION FÜR ENERGIE UND LEBENSKRAFT

1. Setzen Sie sich an einen ruhigen Ort, an dem Sie nicht gestört werden.

2. Schließen Sie die Augen, lassen Sie Ihren Körper zur Ruhe kommen und atmen Sie langsamer.

3. Spüren Sie die Energie Ihres Körpers, wie sich der ganze Körper energetisch anfühlt.

4. Nehmen Sie jedes Kribbeln, Vibrieren oder andere Empfindungen innerhalb und außerhalb des Körpers sowie um ihn herum wahr.

5. Nutzen Sie Ihre Atmung, um jegliche Anspannung im Körper loszuwerden. Kommen Sie zur Ruhe und erden Sie sich.

6. Spüren Sie das Leben in Ihrem Körper – das Kribbeln der Lebenskraft in den Händen, den Herzschlag des Lebens in der Brust und den durch den Körper strömenden Energiefluss.

7. Nehmen Sie wahr, wie der ganze Körper atmet, sich ausdehnt und zusammenzieht.

8. Erweitern Sie Ihr Bewusstsein und spüren Sie den Sie umgebenden Raum. Nehmen Sie das Energiefeld um Ihren Körper herum wahr und ruhen Sie in Ihrem erweiterten Bewusstsein.

9. Nehmen Sie die Klänge, die Atmosphäre und die Bewegungen um sich herum als Energie und Schwingungen war. Bemerken Sie, wie mühelos das Leben sich gleich einem Tanz bewegt.

10. Wenn Ihre Aufmerksamkeit beginnt, sich auf Gedanken oder körperliche Empfindungen zu beschränken, entspannen Sie sich und erweitern Sie Ihr Bewusstsein. Gönnen Sie sich Ruhe in der Gegenwart, in allem, was ist.

Bewegung

FREIWASSERSCHWIMMEN

Schwimmen ist eine hervorragende Art, sich zu bewegen. Untersuchungen zeigen, dass es Stress abbaut, den Schlaf verbessert und sogar das Krankheitsrisiko senkt.

Das Schwimmen in freien Gewässern fördert die geistige Gesundheit und das Wohlbefinden und ist gut für die Haut. Taucht man in natürliche Mineralien statt in das Chlorwasser in Hallenbädern ein, fühlt man sich der Natur mehr verbunden.

LOS GEHT'S
Schwimmen Sie in einem Teich, einem Fluss oder im Meer, wobei Sie darauf achten sollten, dass Sie einen Strand wählen, der von Bademeistern überwacht wird, oder gehen Sie in ein Strandbad oder ein Freibad, dessen Wasser frei von Chemikalien ist.

YOGAHALTUNGEN FÜR LEBENSKRAFT

Demütiger Krieger
(*Baddha Virabhadrasana*)
Ausgehend von Krieger I (siehe Seite 99) schieben Sie den vorderen Fuß ein paar Zentimeter näher an den Mattenrand. Die Hände hinter dem Rücken verschränken und tief einatmen. Beim Ausatmen nach vorne beugen, die Arme folgen lassen. Verneigen Sie sich in Dankbarkeit.

Rückwärtige Gebetshaltung
(*Pashchima Namaskarasana*)

Die Arme im Stehen oder Sitzen
weit ausstrecken, die Hände
und Arme nach innen drehen,
bevor Sie die Hände hinter
dem Rücken zusammenführen.
Es kann sein, dass sich zunächst nur die Fingerspitzen
oder Fäuste treffen. Die Augen
schließen und einen Moment
lang in Dankbarkeit atmen.

Schulterstand
(*Salamba Sarvangasana*)

Auf den Rücken legen, Beine
und Füße nach oben strecken,
dann die Füße nach hinten
fallen lassen. Versuchen Sie, mit
den Zehen den Boden hinter
Ihrem Kopf zu erreichen. Die
Hände an den unteren Rücken
legen, die Ellenbogen befinden
sich schulterbreit auseinander.
Die Knie beugen und, sobald
Sie bereit sind, die Füße nach
oben strecken. Einige Atemzüge
lang in dieser Position bleiben,
bevor Sie sich sanft, Wirbel für
Wirbel, auf die Matte zurück-
rollen lassen.

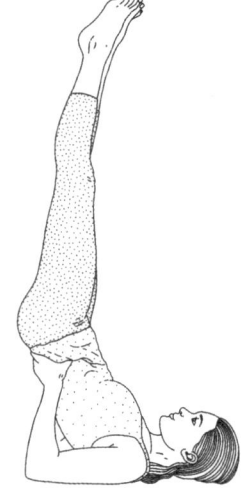

Ritual

TÄGLICH KALT DUSCHEN

Mit der wachsenden Popularität des holländischen Athleten Wim Hof und seiner Wim-Hof-Methode scheinen Eisbäder schwer in Mode zu sein. Kaltes Wasser über den Körper laufen zu lassen ist jedoch seit jeher ein Bestandteil vieler kultureller und religiöser Zeremonien und Rituale sowie eine anerkannte Methode, um gesund und vital zu bleiben.

Laut Hof löst die „Kälteexposition eine Kaskade von gesundheitlichen Vorteilen aus … einschließlich eines ausgeglichenen Hormonspiegels, verbesserter Schlafqualität und der Produktion von Endorphinen – den Wohlfühlchemikalien im Gehirn, die unsere Stimmung auf natürliche Weise heben."

FRÜH AUFSTEHEN

Vor Sonnenaufgang aufzuwachen wird mit einer besseren geistigen Leistung, besserem Schlaf sowie mit mehr Energie und Produktivität über den Tag in Verbindung gebracht. Die Tradition des Ayurveda besagt, dass wir eine Stunde vor Sonnenaufgang aufwachen sollten, um die Verdauung zu fördern und uns mit dem Rhythmus der Sonne in Einklang zu bringen. Das ist auch eine gute Zeit, um sich der Selbstreflexion und Meditation zu widmen.

MORGENSEITEN

Wenn wir früh aufwachen, haben wir Zeit, uns auf den Tag vorzubereiten, statt das Gefühl zu haben, wir müssten dem Tag ständig hinterherrennen. Das Schreiben der „Morgenseiten" wurde von Julia Cameron in ihrem Weltbestseller *Der Weg des Künstlers* (1992) eingeführt. Camerons These: Schreibt man nach dem Aufstehen drei Seiten handschriftlich etwas in ein Tagebuch, rein intuitiv, um den momentanen Gedankenstrom zu Papier zu bringen, so trage das zur Klarheit der Gedanken und zu einem harmonischen Gefühl während des Tages bei.

Selbstfürsorge

Was Sie essen, ist von entscheidender Bedeutung für Ihre Gesundheit und Lebenskraft. Alles, was Sie in und an Ihren Körper lassen, was Sie Ihrem Geist und Ihrer Seele zuführen, trägt zu Ihrem Wohlbefinden bei.

Denken Sie diesen Monat zum Thema Selbstfürsorge mal über Folgendes nach:

Ausreichend trinken: Es wird empfohlen, täglich etwa acht Gläser Wasser zu trinken (2 Liter), um ein gesundes Gewicht zu halten und die Gehirnfunktion zu unterstützen.

Prä- und Probiotika: Die Gesundheit des Darms steht mit der geistigen und körperlichen Gesundheit in Zusammenhang. Präbiotika sind Ballaststoffe, die die guten Bakterien in Ihrem Darm ernähren, z. B. buntes Gemüse und Obst. Probiotika sind lebende Bakterien und gesund für das Verdauungssystem. Sie sind in Lebensmitteln wie Kefir, Kimchi und Sauerkraut enthalten.

Wie pflegen Sie Ihre Haut? Die Haut ist unser größtes Organ und der erste Schutzmechanismus unseres Körpers. Die Forschung zeigt, dass die Chemikalien, die in vielen Schönheitsprodukten enthalten sind, die gleiche Wirkung haben wie Pestizide und höchstwahrscheinlich etliche Gesundheitsprobleme zur Folge haben. Wählen Sie stattdessen natürliche, chemiefreie Hautpflegeprodukte.

Wie füttern Sie Ihren Geist? Das von der Außenwelt auf uns einprasselnde Informationsangebot spielt eine große Rolle dabei, wie wir die Welt sehen. Versorgen Sie Ihren Geist also mit sorgfältig ausgewählten Büchern, Podcasts und Informationen.

Wie ernähren Sie Ihre Seele? Die Gesellschaft, die Sie pflegen, Ihre Aktivitäten, Ihre bevorzugte Musik, das Vergnügen und die Freude, die Sie sich gönnen, Ihr kreatives Schaffen und die Art und Weise, wie Sie sich mit der Welt verbinden – all das trägt zu Ihrer Lebenskraft bei oder aber behindert sie.

Rezepte und Getränke

ECHINACEA-TEE

Echinacea-Blüten stehen für Kraft und Gesundheit. Die in den USA heimische Pflanze gilt als pflegeleicht, ist einfach zu züchten und nach dem Abschneiden lange haltbar. In Form von Tee, Kapseln oder Blütenessenz eingenommen, stärkt Echinacea das Immunsystem und wirkt entzündungshemmend.

Um Echinacea-Tee zuzubereiten, 1½ EL losen Echinacea-Tee (nach Geschmack) mit kochendem Wasser übergießen und 5 Minuten ziehen lassen. Nach Belieben frischen Ingwer, Minze oder Honig hinzufügen.

GEMÜSE UND OBST DER SAISON:

Kopfsalat, Saubohne, Erdbeere, Mangold, Fenchel, Rettich

KRÄUTER DER SAISON:

Oregano, Lindenblüte, Lavendel, Echinacea

REGENBOGEN-MANGOLDSALAT
FÜR VIER PERSONEN ALS BEILAGE

ZUTATEN

5 Stiele und Blätter Regenbogen-Mangold	½ Zitrone
1 Frühlingszwiebel, fein gewürfelt	kaltgepresstes Olivenöl
4 EL Granatapfelkerne	Salbeiblüten
2 EL Sesamkörner	Salz und schwarzer Pfeffer

ZUBEREITUNG

1. Den Mangold waschen und in dünne Scheiben schneiden.

2. Den Mangold in eine Salatschüssel geben und mit Frühlingszwiebeln, Granatapfelkernen und Sesam bestreuen.

3. Die Zitrone über dem Salat auspressen und einen Spritzer Olivenöl über den Salat träufeln.

4. Nach Geschmack würzen und den Salat mit zwei Löffeln vermischen.

5. Mit Salbeiblüten bestreuen und servieren.

JUNI

Das Glück weitergeben

Etwas zurückgeben ist ganz einfach: Wir können Wohltätigkeits-einrichtungen, Gemeinschaftsprojekte und soziale Unternehmen unterstützen, und das muss nicht nur in Form von Geldspenden geschehen.

Mit dem Begriff Vitalität im Hinterkopf wollen wir überlegen, wie wir eine Sache unterstützen können, die uns am Herzen liegt, um Bedürftigen zu helfen und gleichzeitig unser eigenes Wohl-befinden zu fördern.

WARUM NICHT FOLGENDES IN BETRACHT ZIEHEN?

Melden Sie sich für ein gesponsertes Sportevent an. Dabei werden Sie fit und erfreuen sich des Kameradschaftsgeistes bei einer Gruppenveranstaltung, und Sie sammeln Geld für eine Organisa-tion Ihrer Wahl.

Stellen Sie Ihre Zeit oder Kompetenz für ein Gemeinschafts-projekt zur Verfügung, z. B. für Gemeinschaftsgärten oder Aufräumarbeiten.

Organisieren Sie eine eigene Veranstaltung, um Geld zu sammeln oder auf eine bestimme Sache aufmerksam zu machen.

Blutspenden können Leben retten – und man weiß nie, wann man selbst Blut braucht.

Betätigen Sie sich als Freiwillige/r bei Wohltätigkeitsveranstal-tungen – feuern Sie Läufer an, richten Sie eine Wasserstation ein, helfen Sie beim Ablauf einer Veranstaltung oder werden Sie Ordner.

Umweltbewusst handeln

BIENEN

Bienen sind von entscheidender Bedeutung für die Natur und uns Menschen. Die meisten Lebensmittel, die wir essen, müssen bestäubt werden, und Bienen übernehmen zusammen mit Schmetterlingen und Schwebfliegen diese Aufgabe.

Doch das Leben der Bienen ist bedroht, und die Bienenpopulationen gehen weltweit zurück. Dies ist vor allem auf den Verlust von Lebensraum und Nahrungsquellen sowie auf die Belastung durch Pestizide zurückzuführen.

Bei Friends of the Earth heißt es: „Der Verlust von Bestäubern kann zu weniger Nutz- und Wildpflanzen führen, die wichtige Mikronährstoffe für die menschliche Ernährung liefern; das wirkt sich auf die Gesundheit und die Ernährungssicherheit aus und birgt das Risiko, dass immer mehr Menschen an Vitamin-A-, Eisen- und Folsäuremangel leiden." Hier nun einige Möglichkeiten, wie Sie die Bienen in diesem Sommer unterstützen können:

1. Kaufen Sie lokale Bio-Lebensmittel.

2. Verwenden Sie im eigenen Garten keine Chemikalien und Pestizide.

3. Stellen Sie in den Sommermonaten eine kleine Schale mit Wasser für Bienen (und Vögel!) ins Freie.

4. Pflanzen Sie im eigenen Garten oder auf dem Balkon bienenfreundliche Blumen wie Lavendel, Salbei, Passionsblumen und Rosmarin.

5. Kaufen Sie Honig aus der Region. Der soll übrigens auch Heuschnupfen lindern.

Kreativität

Im Urlaub sind wir meist aufmerksamer und neugieriger, gehen mit wachen Augen und offenen Sinnen durch unbekannte Städte und Landschaften. Wir schlendern, schauen auf und halten inne, um die Umgebung in uns aufzunehmen. Wir nehmen an Führungen teil, stellen Fragen, probieren neue Speisen und nehmen die unterschiedlichsten Gerüche wahr. Mit kindlicher Neugier wollen wir Neues entdecken, und vielleicht ist das der Grund, warum wir die Zeit fern unseres Alltags so genießen. Was aber, wenn wir mit der gleichen Aufmerksamkeit und dem gleichen Interesse durch unsere eigene Stadt gingen? Wie wäre es, wenn wir uns wie ein Fremder in unsere Kultur hineinfühlten, um zu verstehen, was den Ort ausmacht und was die Quelle der Lebenskraft ist, die diesen Ort durchströmt?

ENTDECKEN SIE DIESEN MONAT IHRE EIGENE STADT ALS TOURIST

Nehmen Sie einen anderen Heimweg – Brechen Sie mit Ihrer Gewohnheit und wählen Sie einen anderen Weg von der Arbeit oder Ihren täglichen Verpflichtungen nach Hause, zu Fuß, mit dem Rad oder dem Auto. Psychologen zufolge fördert ein anderer Heimweg die Kreativität und den Erfindungsgeist.

Sprechen Sie mit Fremden – Im Urlaub setzen wir uns vielleicht eher an die Bar eines Cafés und unterhalten uns mit dem Kellner. Wir zeigen uns offen, um den fremden Ort zu verstehen, Insiderperspektiven und Tipps zu erfahren und Kontakt zu Einheimischen zu bekommen. Warum machen Sie das nicht auch in Ihrer Heimatstadt und sehen, welche Kontakte Sie knüpfen?

Essen Sie an einem neuen Ort – Machen Sie neue Lokale ausfindig – vielleicht probieren Sie eins aus, in dem eine lokaltypische Delikatesse zelebriert wird.

Nehmen Sie an einer Tour teil – Lernen Sie die Menschen, die Geschichte, die Gebräuche und die Geheimnisse kennen, die in den Straßen, der Landschaft und dem Wesen Ihrer Heimatstadt stecken, indem Sie an einer organisierten Tour teilnehmen.

Besuchen Sie das örtliche Museum – Besuchen Sie das Museum Ihrer Stadt, auch wenn es noch so klein ist, und seien Sie offen fürs Lernen.

Kaufen Sie auf dem Wochenmarkt ein – Im Urlaub besuchen wir gerne den örtlichen Markt, um den Duft frischer Produkte zu schnuppern und Fotos für Instagram zu schießen. Sie müssen nicht lange suchen, um einen Markt in Ihrer Heimatstadt zu finden, aber im Alltag nehmen wir uns oft keine Zeit, einen zu besuchen.

Schauen Sie nach oben – Um Ihren Wohnort mit kindlicher Neugier zu erkunden, schauen Sie nach oben! Betrachten Sie die Statuen, die Kunstwerke und die vielen Gedenktafeln – es ist erstaunlich, wie viel mehr Sie bemerken werden.

Hören Sie sich heimische Livemusik an – Für welche Musik ist der Ort oder das Land, in dem Sie leben, bekannt? Gibt es ein Lokal, in dem Seemannslieder gesungen werden, Country-Sänger auftreten oder Musik mit akustischen Instrumenten gespielt wird? Erfreuen Sie sich an den Klängen, die in Ihrer Stadt erklingen.

Machen Sie Fotos – Fotografieren Sie die schönen Dinge, die Sie sehen. Ohne das Leben zu sehr durch ein Objektiv zu betrachten, sollten Sie Ihre Kamera nutzen, um die Welt achtsamer wahrzunehmen. Halten Sie die schlichte Schönheit, das Eigentümliche oder das Wesen des Ortes fest, den Sie Ihr Zuhause nennen.

Busfahren oder zu Fuß gehen – Nehmen Sie den Bus statt das Auto, oder gehen Sie zu Fuß, statt mit dem Bus zu fahren. Was auch immer Sie sonst nicht machen – versuchen Sie es. Wenn Sie in einer Stadt leben, steigen Sie vor oder nach Ihrer gewohnten Haltestelle aus und gehen Sie das letzte Stück zu Fuß nach Hause, und zwar mit Neugier.

Tagesausflug – Besuchen und unterstützen Sie eine Touristenattraktion in Ihrer Stadt und machen Sie einen Tagesausflug daraus.

Verbundenheit

Wenn wir Vitalität richtig verstehen, erkennen wir, dass es mehr als genug davon gibt und dass sie stets präsent ist. Wir leben in einer Welt des Überschwangs. Die Lebenskraft, die durch uns strömt, fließt durch alles Lebendige. Es gibt keine Trennung. Die Gesundheit eines jeden Menschen ist mit der Gesundheit unserer Gemeinschaft, unserer Gesellschaft und unseres Planeten verflochten. Wir sind nur so gesund wie das Ökosystem, in dem wir leben und atmen. Ein gesundes Ökosystem setzt ein unbefangenes Geben und Nehmen voraus, um für Harmonie und Ausgewogenheit zu sorgen. Wenn wir Verantwortung für unsere eigene Gesundheit übernehmen, müssen wir auch an das Wohlbefinden unserer Welt denken. Sie sind am Ende doch der Träumer dieses Traums.

Eine faszinierende Art und Weise, das Konzept des Einsseins zu erleben, ist es, tief in die Augen eines anderen Wesens zu schauen, egal ob Mensch oder Tier. Hier sieht das Bewusstsein sich selbst, spiegelt unsere eigene Menschlichkeit zu uns zurück.

Um das gegenseitige „In die Augen schauen" zu üben, nehmen zwei Menschen bewusst und in Stille einen längeren, ununterbrochenen Augenkontakt auf. Obwohl es für die meisten Menschen anfangs etwas unangenehm ist, kann dieser Blickkontakt Mitgefühl, Verbundenheit und Nähe zum anderen hervorrufen. Er hilft auch, uns selbst ganzheitlich zu betrachten und mit den Emotionen, die in uns auftauchen, zu leben. Wenn wir uns selbst gestatten, angeschaut zu werden, sehen wir einander wirklich. Wenn wir das Leben, die Verletzlichkeit, das Mitgefühl und die Angst in jemand anderem sehen, sehen wir das auch in uns selbst.

Vitalität bedeutet, das Leben in und um uns herum anzuerkennen, zu respektieren und zu nähren. Sich mit einem tiefen Sinn für spirituelle Vitalität zu verbinden, bedeutet zu wissen, dass im Hier und Jetzt alles mit allem zusammenhängt.

Tagebuch

VITAL SEIN

Wenn mein Körper sprechen könnte, wonach würde
er fragen, um sich voller Lebenskraft zu fühlen? Was
nährt ihn und sorgt dafür, dass er sich bester Gesundheit erfreut und voller Energie und Leben ist?

Ich spüre die meiste Energie in mir, wenn …

Auf welche Weise fühle ich mich mit den Menschen
und der Welt um mich herum verbunden? Ich glaube
daran, dass die Welt mein Spiegel ist, und zwar
folgendermaßen …

JUNI

Juli

Die Kraft der Sonne im Juli, im Hochsommer, steht für Stärke, Licht und Liebe, während die Natur sich in voller Blüte zeigt.

Üppigkeit bedeutet, mehr als genug zu haben, und das trifft oft auf uns zu, auch wenn wir das manchmal nicht wahrhaben wollen. Wir scheinen uns nie damit zu begnügen, genug Geld oder Liebe, genügend Chancen oder „Sachen" zu besitzen – die meisten Menschen meinen, eher zu wenig als zu viel zu haben.

Um unsere Wünsche manifest werden zu lassen, muss unsere Lebenskraft Überfluss, Dankbarkeit und Wertschätzung mit sich bringen, so wie Blumen in voller Blüte die meisten Bienen anziehen. Unser Thema in diesem Monat ist: Überschwang und Fülle.

„Wenn wir uns von dem Gedanken verabschieden, wie unser Leben sein sollte, können wir befreit von ganzem Herzen Ja zu unserem Leben sagen, so wie es ist."

TARA BRACH
AMERIKANISCHE PSYCHOLOGIN

Erzählung

Einst schickte ein König seinen Sohn aus, der erkunden sollte, wie die Bauern außerhalb der Palastmauern lebten.

Als der Sohn zurückkam, fragte der König: „Hast du gesehen, wie die Bauern leben?"

„Das habe ich", antwortete der Sohn.

Der König fragte: „Was hast du gelernt?"

Der Sohn erwiderte: „Ich habe erfahren, dass wir einen Teich haben, der so groß ist wie unser Garten, und dass sie einen endlosen Bach haben. Teure Laternen aus den vier Ecken der Erde beleuchten unseren Garten, und sie haben nachts die Sterne. Unser Garten erstreckt sich über 100 Meter, sie aber haben den ganzen Horizont. Wir haben Diener, die sich um alle unsere Bedürfnisse kümmern, doch sie dienen sich gegenseitig. Wir lassen uns unser Essen bringen, aber sie bauen ihr eigenes an. Um unser Haus herum verlaufen Mauern und Tore, um uns zu schützen, aber sie leben in einer Gemeinschaft.

Ich habe gesehen, wie die andere Hälfte lebt, Vater. Danke, dass ich das sehen durfte."

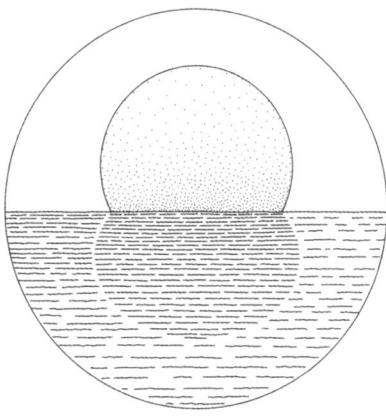

Sterne, Mond, Sonne

Im keltischen Kalender werden den Monaten Baumnamen zugewiesen, und der Monat der Stechpalme beginnt im Juli, obwohl man glaubte, dass alle drei Sommermonate vom Eichenkönig beherrscht werden. Die Bäume auf der Nordhalbkugel stehen jetzt in voller Blüte, und die Eiche symbolisiert Schutz, Stärke und Fülle.

STERNE
KREBS (22. JUNI BIS 22. JULI) – WASSERZEICHEN

Der Krebs wird vom Mond regiert und durch eine Krabbe dargestellt. Das Sternbild hat seinen Namen mit der Krankheit Krebs gemeinsam, denn das griechische Wort *karkinos* verweist darauf, dass die Adern, die einen Tumor umgeben, den Gliedern einer Krabbe ähneln.

MOND

Der Vollmond im Juli wird auch Bockmond genannt. Bei den Indianern war dies die Zeit des Jahres, in der den männlichen Hirschen oder Böcken ein neues Geweih wuchs. Bei den angelsächsischen Stämmen wurde der Vollmond im Juli als Donner- oder Heumond bezeichnet, da in diesem Monat häufig Gewitter auftreten und Heu geerntet wird.

SONNE

Obwohl sich die Entfernung der Erde zur Sonne nicht wesentlich ändert, ist sie im Juli am weitesten von der Sonne entfernt.

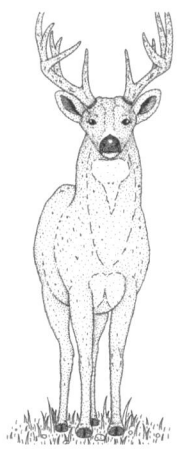

Erde

KRISTALL: JADE

Jade gibt es in sechs Farben – Grün, Gelb, Schwarz, Weiß, Rot und Violett. Es heißt, sie sauge die Fülle der Natur in sich auf und helfe, Wohlstand, Reichtum und Überfluss im Leben eines Menschen zu verankern. Jade steht in Zusammenhang mit dem Herzchakra und soll eine tiefe Verbundenheit innerhalb von Beziehungen ermöglichen, positive Energie vermitteln und für ein ausgewogenes Herz sorgen.

JADE

Glück	*Überfluss*
Wohlstand	*Reichtum*
Reinigend	*Gesundheit*
Zuversicht	
Gleicht das Chi (Lebenskraft) aus	

JULIBLUMEN: DAHLIE, GÄNSEBLÜMCHEN, RITTERSPORN, ROSE, HORTENSIE

Unser Favorit: Hortensie – steht für Fülle, herzliche Gefühle, Dankbarkeit und Anmut. Die meisten Hortensien blühen in nur einer Farbe, welche durch den pH-Wert des Bodens bestimmt wird. Mit Blüten in Rosa, Blau oder Violett bis hin zu Weiß ist diese leuchtende Pflanze in ihrer ganzen Fülle kaum zu übersehen.

ÄTHERISCHES ÖL: WEIHRAUCHÖL

Weihrauch, ein Symbol der Göttlichkeit aus biblischen Zeiten, hat einen würzigen, holzigen und erdigen Duft mit stärkender, erregender und tröstender Wirkung (gleichwohl er von schwangeren Frauen und Menschen mit Blutungsstörungen gemieden werden sollte). In geistlichen Traditionen fördert Weihrauch die spirituelle Verbindung und Eingebung.

Affirmationen

Wir leben in einem Universum der Fülle. Wenn wir all das ignorieren, von dem wir meinen, dass es uns fehlt oder wovon wir mehr haben könnten, kommen wir im Hier und Jetzt an und erkennen, dass Überfluss eine mentale Einstellung ist.

Überfluss bedeutet, mehr von etwas zu haben, als man braucht. Damit sind nicht unbedingt materielle Güter oder finanzieller Reichtum gemeint; einige der reichsten Menschen der Welt sind immer noch nicht mit ihrem Leben zufrieden. Was wir besitzen, ist nicht gleichbedeutend mit dem, was wir unter Ganzheit oder Fülle verstehen. Wie Eckhart Tolle sagt: „Die Quelle allen Reichtums liegt nicht außerhalb von dir, sie ist ein Teil von dir."

Das bedeutet nicht, dass man in Armut leben muss, um sich mit der geistigen Essenz der Fülle zu verbinden. Denn diese findet sich nicht darin wieder, ob man einen gewissen Status hat oder nicht, ob man Geld oder materielle Dinge besitzt oder nicht. Wahrer Überfluss ist der Strom der Verbundenheit, der Freude, der Großzügigkeit und der Liebe, der die Grundlage all unserer Erfahrungen bildet.

Wenn etwas Freude und Lebendigkeit in Ihr Leben bringt, sei es ein materieller Besitz oder nicht, warum sollte es nicht Teil Ihres Lebens werden, das Sie mit Liebe pflegen? Seien Sie sich nur bewusst, dass es nicht die Quelle Ihrer Freude oder Ihres Ganzseins ist, sondern beides lediglich verstärkt.

„Ich erlaube mir, all das zu sein, was ich bin."

„Jeden Tag gehen meine Träume in Erfüllung."

„Das Universum bietet uns einen reichhaltigen Fluss. Es ist mehr als genug für alle da."

„Die Liebe ist hier, und sie wird nie verschwinden."

„So sieht ein Mann/eine Frau aus, die mentalen Reichtum besitzt."

Meditation

MANIFESTATIONSMEDITATION

1. Setzen Sie sich mit geradem Rücken hin; Ihre geöffneten Handflächen liegen in Ihrem Schoß und Sie schauen nach oben.

2. Schließen Sie die Augen und atmen Sie ein paarmal tief ein und aus, um in die Meditation einzutreten.

3. Führen Sie einige Minuten lang die Bodyscan-Meditation auf Seite 17 durch, um alle Spannungen im Körper zu lösen.

4. Denken Sie an etwas, das Sie weiter ausbauen oder verwirklichen möchten.

5. Stellen Sie sich vor, dass Sie das, was Sie sich wünschen, besitzen, darin aufgehen oder es erreichen. Visualisieren Sie all die kleinen Details der Szene. Vergegenwärtigen Sie sich die Menschen, die dort sein könnten. Stellen Sie sich vor, wie es sich anfühlen würde, dort zu sein und es zu erleben. Fühlen Sie sich in die Visualisierung hinein und erfahren Sie alle Emotionen so, als ob sie jetzt auftreten würden. Sehen Sie sich selbst, wie Sie etwas empfangen und sich dankbar dafür zeigen.

6. Atmen Sie lange, langsam und tief ein. Stellen Sie sich beim Ausatmen vor, dass Sie diese Wünsche, Gefühle und Vorsätze an das Universum abgeben und die Erinnerung daran in Ihrem Herzen und Ihrem Geist speichern.

7. Kehren Sie in Ihren leiblichen Körper zurück.

8. Legen Sie beide Hände auf Ihr Herz und lächeln Sie! Lassen Sie eine Energie der Dankbarkeit durch Ihren Körper strömen, in geduldiger Erwartung der Verwirklichung Ihres Wunsches.

9. Beenden Sie die Meditation mit einem langen, langsamen und tiefen Atemzug und lächelnden Augen.

Bewegung

SPORT MIT TEMPO

Seit Jahrhunderten genießen Menschen den Nervenkitzel schneller Fortbewegung. Die ersten Pferde wurden vor etwa 5.500 Jahren in Kasachstan domestiziert. Skifahren ist Jahrtausende alt – das Wort selbst stammt aus dem Altnordischen und bedeutet „gespaltenes Stück Holz". Das Surfen stammt aus Tahiti und wurde erstmals 1767 von britischen Entdeckern beobachtet; das Fahrrad wurde 1817 in Deutschland von Baron Karl von Drais erfunden.

Jede dieser körperlichen Betätigungen scheint einen bestimmten Zweck zu verfolgen, doch heute betreiben wir diese Sportarten aus reiner Freude.

Die körperlichen Vorteile dieser schnellen Fortbewegungsarten liegen auf der Hand, aber der mentale und emotionale Nutzen ist ebenso groß, wenn nicht sogar noch größer.

All diese sportlichen Betätigungen fördern den Gleichgewichts- und den Koordinationssinn und stellen eine geistige Herausforderung dar. Die meisten bieten ein Ganzkörper- und Kardiotraining. Am wichtigsten ist meiner Meinung nach, dass jede dieser Aktivitäten ein gewisses Maß an Vertrauen, gepaart mit Geschicklichkeit, erfordert: Wir müssen uns dem Flow anpassen und mit der Welle mitgehen, anstatt sie beherrschen zu wollen. Das „Teamwork" mit einem Pferd ist eine Art mystischer Tanz. Wir müssen uns voll und ganz auf das Reiten konzentrieren und darin eintauchen; ansonsten fallen wir vom Pferd.

All diese Sportarten geben uns einen Adrenalinstoß und das Gefühl, etwas gemeistert zu haben. Sie stiften eine tiefe Verbundenheit mit dem gegenwärtigen Moment, während wir dahingleiten oder -reiten.

LOS GEHT'S

Reiten, gleiten oder fahren Sie – einfach nur zum Spaß! Setzen Sie sich aufs Fahrrad und machen Sie eine Tour. Buchen Sie eine Reit- oder Surfstunde. Ziehen Sie Rollschuhe an oder gehen Sie in die Eislaufhalle.

Gedrehter hoher Ausfallschritt
(*Parivrtta Anjaneyasana*)

Ausgehend von einem Ausfallschritt mit gebeugtem vorderen und geradem hinteren Knie, wobei beide Füße nach vorn zeigen, bringen Sie die Hände in Gebetshaltung. Den Rücken langsam drehen und den unteren Ellenbogen vor dem vorderen Knie „einhaken". Mit dem Einatmen dehnen Sie den Rücken und verlängern die Wirbelsäule; mit der Ausatmung verstärken Sie die Drehung.

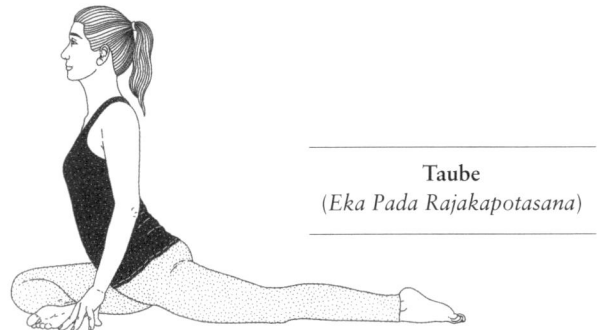

Taube
(*Eka Pada Rajakapotasana*)

Aus dem Vierfüßlerstand ein Knie anwinkeln und zum Handgelenk auf derselben Seite bringen. Den Fuß vor der gegenüberliegenden Hüfte auf die Matte stellen. Das andere Bein nach hinten gleiten lassen, wobei die Hüften weiterhin gerade nach vorn zeigen. Mit den Händen nach vorne „laufen", die Brust in Richtung Boden absenken; die Arme auf der Matte ablegen.

Ritual

Etwas realisieren bedeutet, Träume, Wünsche, Hoffnungen und Gebete von unserer Innenwelt in die Außenwelt hinauszutragen.

Sich darüber im Klaren zu sein, was wir wollen, zu spüren, wie es wahr wird, offen dafür zu sein, es anzunehmen und aktiv zu werden, sind wesentliche Elemente der Verwirklichung. Wir müssen authentisch und ehrlich zu uns selbst sein hinsichtlich dessen, was und warum wir uns etwas wünschen, und es dann selbstbewusst einfordern, sowohl geistig als auch in unserem äußeren Leben.

Probieren Sie dieses Manifestationsritual bei Neu- und Vollmond aus:

1. Reinigen Sie den Raum durch Ausräuchern, wie auf Seite 80 beschrieben.

2. Ändern Sie Ihre Schwingungen so, dass sie dem entsprechen, was Sie suchen. Tanzen Sie, bewegen Sie sich, machen Sie ein paar Yogaübungen, schütteln Sie Ihren Körper, machen Sie eine Atemübung – alles, um Spannungen im Körper zu lösen.

3. Zünden Sie eine Kerze an und legen Sie den Vorsatz Ihrer Zeremonie fest.

4. Suchen Sie sich einen Platz und meditieren Sie ein paar Minuten, indem Sie einfach so sind, wie Sie sind.

5. Stellen Sie sich das vor, was Sie verwirklichen möchten.

6. Atmen Sie ein paarmal lang, langsam und tief ein und sagen Sie positive Ich-bin-Sätze laut auf, um Ihre Wünsche zu bekräftigen: „Ich bin Sängerin", „Ich bin Mutter", „Ich bin selbstständig". Erkennen Sie die Zweifel, die Ängste oder den Unglauben als den nicht geheilten Teil Ihres Selbst an, der Liebe braucht. Vergeben Sie diesem Teil von Ihnen und bekräftigen Sie: „Ich bin".

7. Öffnen Sie Ihre Handflächen und öffnen Sie die Augen.

8. Beenden Sie Ihre Zeremonie mit dem Vorsatz, Ihre Wünsche an das Universum loszulassen und darauf zu vertrauen, dass sie sich entfalten werden, wenn die Zeit reif ist. Bekräftigen Sie dieses Loslassen und die Hingabe mit dem Ausblasen der Kerze.

Selbstfürsorge

HAUTPFLEGE IM SOMMER

TROCKENBÜRSTEN

Trockenbürsten ist eine einfache Praxis und kann bei jeder Form des Badens angewendet werden. Es fördert die Durchblutung und regt den Abfluss des lymphatischen Systems an. Trockenbürsten hilft außerdem das ganze Jahr über, abgestorbene Hautzellen zu entfernen, sodass sich die Haut glatt und sanft anfühlt.

Beginnen Sie an den Füßen und streichen Sie mit langen Bewegungen über Ihre Gliedmaßen zum Herzen und von den Händen die Arme hinauf. Bürsten Sie kreisförmig über Oberkörper, Brust und Rücken.

SONNENSCHUTZ

Insbesondere im Sommer müssen wir unsere Haut schützen, da wir über sie ja Vitamin D aufnehmen, das für Gesundheit und Wohlbefinden entscheidend ist. Sich ultravioletter Strahlung unmittelbar auszusetzen kann zu Sonnenbrand, Hautschäden und -krankheiten führen.

Chemische Sonnenschutzmittel enthalten Inhaltsstoffe wie Oxybenzon und Octinoxat, die als Allergene bekannt sind und den Hormonspiegel beeinflussen können, indem sie Östrogene imitieren. Zudem wirkt sich Oxybenzon schädlich auf Korallenriffe und Meereslebewesen aus.

Natürliche, biologische und vegane Sonnenschutzmittel schützen die Haut ebenso zuverlässig vor Sonnenschäden und Krankheiten, ohne sie mit Giftstoffen zu belasten und ohne das Meerwasser zu verunreinigen. Das ist schonender für die Haut, die Tiere und unseren Planeten. Da fällt die Entscheidung doch leicht, oder?

AFTERSUN-HAUTPFLEGE

Aloe vera ist eine hervorragende Aftersun-Lotion und kann anstelle von chemischen Produkten verwendet werden. Argan- oder Mandelöl ist ebenfalls eine gute natürliche Pflege für Haut, die eine Weile in der Sonne war.

Rezepte und Getränke

BRENNNESSELTEE

Brennnesseln sind reich an Mineralien und Vitaminen und wirken entzündungshemmend. Solange sie getrocknet, gekocht oder gefriergetrocknet sind, können sie bedenkenlos verzehrt werden. Brennnesseln können ab Mitte des Frühjahrs bis zum Spätsommer gepflückt werden.

Um Brennnesseltee zuzubereiten, sammeln Sie ein Bündel Brennnesselblätter (tragen Sie Handschuhe und benutzen Sie eine Schere). Geben Sie ein paar Blätter in eine Tasse und gießen Sie sie mit kochendem Wasser auf – fertig! Je mehr Blätter Sie verwenden, desto stärker ist das Aroma, also probieren Sie aus, was Ihrem Geschmack entspricht. Sollten Sie nicht die Möglichkeit haben, Brennnesseln zu sammeln, können Sie losen Brennnesseltee auch kaufen.

GEMÜSE UND OBST DER SAISON:

Aubergine, Staudensellerie, Spinat, Tomate, Beerenobst, Apfel

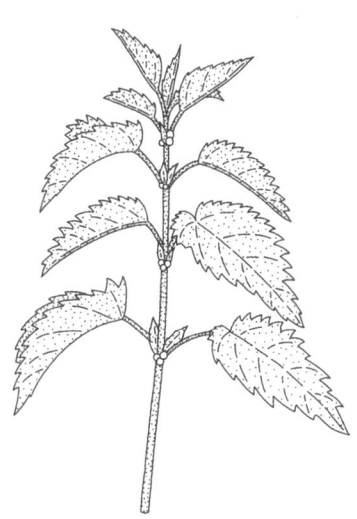

GEBRATENE GEFÜLLTE AUBERGINE
FÜR VIER PERSONEN

ZUTATEN

2 große Auberginen	250 g Spinat
Olivenöl	1 rote Chilischote, fein gehackt
2 Knoblauchzehen, fein gewürfelt	4 EL entkernte schwarze Oliven
1 weiße Zwiebel, fein gewürfelt	1 Bund frischer Koriander
250 g Kirschtomaten, halbiert	2 Mozzarellakugeln oder veganer Käse, grob gehackt
2 EL Pinienkerne	

ZUBEREITUNG

1. Den Backofen auf 200 °C vorheizen.

2. Die Auberginen der Länge nach in der Mitte durchschneiden. Die Ränder der Auberginen etwa 2,5 cm tief einschneiden. Das Auberginenfleisch mit einem Löffel herausschaben und beiseitestellen.

3. Die Auberginenschiffchen auf einem Backblech mit Öl bepinseln und etwa 25 Minuten im Ofen garen, bis sie anfangen, braun zu werden.

4. In der Zwischenzeit den Knoblauch und die Zwiebel in etwas Olivenöl anbraten.

5. Das Auberginenfleisch in kleine Stücke schneiden und mit in die Pfanne geben.

6. Tomaten, Pinienkerne, Spinat und Chili in die Pfanne geben, einige Minuten lang umrühren, dann die Oliven und den Koriander hinzufügen. Vom Herd nehmen.

7. Den Großteil des Käses unter die Gemüsemischung heben, einen kleinen Teil zum Bestreuen zurückbehalten, das Ganze würzen. Die Mischung gleichmäßig in die Auberginenschiffchen füllen und etwas Käse darüberstreuen. Für 15 Minuten in den Ofen schieben, bis der Käse leicht gebräunt ist.

Das Glück weitergeben

STARKE MENSCHEN STÄRKEN MENSCHEN

Mangeldenken will uns weismachen, dass es nur begrenzte Ressourcen gibt und nicht genug für alle da ist. Wenn wir meinen, nicht genug zu haben, klammern wir uns an das, was wir haben, oder horten es. Das kann zu Verbitterung, zu Werturteilen, Eifersucht, Unsicherheit und Angst führen. Ein Mangeldenken gibt uns das Gefühl, dass wir in Konkurrenz zueinander oder zur Welt stehen, was durch die sozialen Medien oft noch verstärkt wird. Es prägt die Art und Weise, wie wir uns selbst sehen und das Leben erfahren.

Wir können diese Gefühle als Instrumente zur Selbstreflexion nutzen. Wenn der Erfolg oder die Errungenschaften eines anderen Menschen Gefühle in uns auslösen, ist das ein klarer Hinweis darauf, was uns wichtig ist oder worauf wir selbst hinarbeiten möchten. Ein Mangel an Großzügigkeit ist so, als zögen wir die Zugbrücke hoch und ließen niemanden herein, was dann wiederum den Fluss, der Fülle und Überfluss zu uns zurückträgt, aufhält.

Die Zusammenarbeit mit anderen, das gegenseitige Teilen, Unterstützen und Ermutigen bereitet den Boden für andere, das Gleiche für Sie zu tun. Von einem Mangeldenken zu einer Sichtweise zu wechseln, in der alles in Hülle und Fülle existiert, hat mit Übung, Versöhnlichkeit, Großmut und Liebe zu tun.

Geben Sie diesen Monat all das, was Sie selbst erreichen wollen. Achten Sie darauf, ob und wann der Erfolg oder der Wohlstand eines anderen Sie motiviert, denn so finden Sie Hinweise darauf, was Ihnen wichtig ist. Gehen Sie auf andere zu, engagieren Sie sich, seien Sie ehrlich zu sich selbst und arbeiten Sie mit jemandem auf Ihrem Gebiet oder in Ihrem Interessenbereich zusammen. Teilen Sie, was Sie haben, und bedanken Sie sich, wenn Sie es zurückbekommen. Wie das Sprichwort sagt: „Je mehr man gibt, desto mehr erhält man zurück."

Umweltbewusst handeln

WASSER

VERBRAUCHEN SIE NUR DAS NÖTIGE

Wasser ist eine kostbare Ressource und wird oft als selbstverständlich angesehen, wenn es einfach so aus dem Hahn kommt. Der sparsame Umgang mit Wasser ist wichtig, denn nur 0,5 Prozent des Wassers auf der Erde sind als Trinkwasser verfügbar. Umsichtig mit dem kostbaren Nass umzugehen bedeutet, nicht zu viel davon zu verschwenden, nur weil man es kann. Ein geringerer Wasserverbrauch reduziert die Energie, die für die Herstellung von Wasser benötigt wird (indem es trinkbar gemacht wird).

Zu einem sparsamen Wasserverbrauch gehört unter anderem:

Kürzer duschen (siehe auch „Kalt duschen" auf Seite 120)

Wäsche nur waschen, wenn es wirklich sehr nötig ist

Den Wasserhahn beim Zähneputzen zudrehen

Den Geschirrspüler und die Waschmaschine nur dann laufen lassen, wenn sie voll sind

WASSER SAMMELN

Sie können leicht Wasser sparen, indem Sie Regenwasser in einer Tonne sammeln. Regenwasser zum Gießen von Pflanzen oder zum Waschen von Haustieren oder Autos ist energieeffizient und hilft, langfristig Geld für Wasser zu sparen.

GEBEN SIE ETWAS ZURÜCK

Der Zugang zu sicherem, sauberem Wasser zum Trinken und für den Hausgebrauch ist ein grundlegendes Menschenrecht. Nach Angaben der Vereinten Nationen haben 2,2 Milliarden Menschen keinen Zugang zu einer sicheren Trinkwasserversorgung, und mehr als die Hälfte der Weltbevölkerung, nämlich 4,2 Milliarden Menschen, haben keinen Zugang zu einer sicheren Abwasserentsorgung. Die Unterstützung von Organisationen wie Viva Con Agua und WASH-Netzwerk ist ein guter Anfang.

Kreativität

Hier sind einige einfache Seifen-, Bade- und Hautpflegerezepte,
die Sie zu Hause ausprobieren können.

1. SEIFE MIT ROSEN- UND ERDBEERDUFT

SIE BENÖTIGEN:

2 EL getrocknete, grob zerkleinerte Rosenblätter	2 Glasschüsseln zum Mixen
10 Tropfen ätherisches Rosenöl (oder einen anderen Duft, wenn Sie mögen)	125 ml Erdbeersaft
	tiefes Backblech oder Seifenformen
150 g fertige Seifenbasis von Melt & Pour	

Die Rosenblätter, das ätherische Öl und 110 g der Seifenbasis in
eine nichtmetallische Schüssel geben und den Inhalt in der Mikro-
welle schmelzen lassen, danach die Mischung in die Seifenform
geben. In einer separaten Schüssel die restlichen 40 g Seifenbasis
schmelzen und den Erdbeersaft untermischen. Die rote Mischung
ebenfalls in die Seifenform gießen und vorsichtig mit einem Löffel
durch die klare Seife rühren, sodass ein Muster entsteht. Die Seife
etwa 48 Stunden lang aushärten lassen, dann in Stücke schneiden.

2. LAVENDEL-BADEZUSATZ

SIE BENÖTIGEN:

450 g Bittersalz

225 g rosa Himalayasalz

2 EL getrockneter Lavendel

30 Tropfen ätherisches Lavendelöl

luftdicht verschließbare(n) Behälter

Alle Zutaten in einer großen Schüssel vermischen und in einen oder mehrere luftdichte Behälter umfüllen. Geben Sie etwa 2 EL der Mischung in jedes Vollbad.

3. KÖRPERPEELING MIT SESAM, HONIG UND MANDELN

SIE BENÖTIGEN:

½ Tasse Sesamsamen

½ Tasse klaren Honig

¼ Tasse Mandelöl

luftdichte(n) Behälter

Alle Zutaten in einer großen Schüssel vermischen und mehr Samen oder mehr Öl hinzugeben, um die Mischung sämiger bzw. flüssiger zu machen. In einem oder mehreren luftdichten Behältern aufbewahren und innerhalb von zwei Wochen aufbrauchen.

Verbundenheit

Es bedarf lediglich eines Sinneswandels, um das Leben und die Natur in all ihrer Fülle zu genießen. Die Praktik des Dankesagens führt uns den Überfluss vor Augen, der uns bereits umgibt. Dankbarkeit kann helfen, uns der Kostbarkeit und des Wunders des Lebens bewusst zu werden.

Wenn Sie mehr von dem haben wollen, was Sie mögen, ist das völlig in Ordnung, wenn diese Dinge Ihnen wirklich Freude bereiten, Ihnen etwas geben und Ihre Energiespeicher auffüllen, sodass Sie mehr Liebe, Leben und Kraft haben – all das, was Sie der Welt zurückgeben können.

Aus Marianne Williamsons Bestseller *Rückkehr zur Liebe* stammt ein wunderschönes Zitat: „Die Liebe wartet auf das Willkommen, nicht auf die Zeit." Für mich verkörpert das den Sinneswandel, der erforderlich ist, um die Fülle zu erkennen, die überall um uns herum schon vorhanden ist.

Liebe, Sinn, Verbundenheit und Frieden sind keine Dinge, die wir außerhalb von uns selbst finden, die wir kaufen oder in der Zukunft finden können. Sie sind bereits da und stets verfügbar, genau hier in diesem Augenblick.

Wenn wir in die Verbundenheit hineinfühlen und unserer Energie und unseren Schwingungen erlauben, mit dem übereinzustimmen, was wir uns wünschen, gleich einem Magneten, zieht diese Verbundenheit das Gewünschte zu uns heran. Wenn wir unsere Meinung ändern, ändert sich unsere ganze Welt.

Tagebuch

ICH LEBE EIN LEBEN IN HÜLLE UND FÜLLE

Was bedeutet Überfluss für mich,
und wie sieht er aus?

Wie denke ich über Geld?

Wenn ich mich wirklich lieben und
respektieren würde, was würde ich mir
erlauben zu tun? Gibt es etwas, das ich
zurückhalte, weil ich befürchte, dass es nur
in eingeschränktem Maße vorhanden ist?

August

Im August nähert sich der Sommer seinem
Ende, und es hat den Anschein, als wolle
er uns dezent, aber bestimmt dazu animie-
ren, die letzten Strahlen der Sommersonne
und den Reichtum der Farben zu genießen,
bevor die Blätter gelb, rot und braun
werden. Es hat etwas Anmutiges an sich,
wenn wir uns die Zeit nehmen, um das,
was uns geschenkt wurde, zu genießen.

In diesem Monat wollen wir uns darin sonnen,
wie weit wir gekommen sind; das spendet Trost und
gibt gleichzeitig Anlass zum Feiern. Wir werden uns
daran erinnern, welche Kraft in all unserem Dasein
steckt, wie dankbar wir dafür sind und was wir
zu erwarten haben. In diesem Monat werden
wir uns bemühen, zu unserer eigenen Ausgewogenheit und Orientierung zurückzufinden,
denn genau das zeichnet uns aus. Unser Thema
für diesen Monat lautet also: Einklang.

„Glück ist, wenn das,
was du denkst,
das, was du sagst,
und das, was du tust,
in Harmonie sind."

MAHATMA GANDHI
INDISCHER RECHTSANWALT,
ANTIKOLONIALIST UND POLITISCHER ETHIKER

Erzählung

Ein schöner Rabe mit auffallend schwarzem Gefieder betrachtete neidisch die Schwäne. Er wünschte sich, sein Gefieder wäre so weiß wie Schnee, genau wie das der Schwäne.

Und so fasste er einen Plan.

Er dachte: „Wenn ich wie ein Schwan lebe, die ganze Zeit auf dem See schwimme, das Gleiche wie die Schwäne fresse und meine Federn putze, dann werden sie vielleicht auch so weiß wie Schnee!"

So machte er sich eines Tages auf den Weg zu seinem neuen Leben auf dem See und ließ die Bäume und Felder, an die er gewöhnt war, hinter sich.

Auf dem Wasser angekommen, verbrachte er den ganzen Tag und die Nacht damit, sein Gefieder zu putzen. Da er nicht an das Wasser gewöhnt war, ertrank er manchmal fast, während er seinem Plan folgte.

Seine Bemühungen waren umsonst.

Die Wasserpflanzen, die er fraß, verdarben ihm den Magen und machten ihn krank, aber er versuchte trotzdem, wie ein Schwan zu leben.

Bis er eines Tages, erschöpft und ausgehungert, starb.

Sterne, Mond, Sonne

August hat seinen Namen von dem lateinischen Wort *augustus*, was so viel wie „geweiht" bedeutet. Der erste römische Kaiser, Augustus, wurde um 8 v. Chr. dadurch geehrt, dass der achte Monat des Jahres nach ihm benannt wurde.

Die Symbolik von Macht und Stärke, die mit dem August in Verbindung gebracht wird, findet sich auch in dem englischen Begriff „an august person" wieder, um jemanden zu beschreiben, der Respekt verdient.

STERNE
LÖWE (23. JULI BIS 22. AUGUST) – FEUERZEICHEN
Der Löwe wird von der Sonne regiert und steht für Edelmut, Kraft, Selbstvertrauen und Warmherzigkeit.

MOND
Der Vollmond im August wird als Störmond bezeichnet, was sich auf den Fischreichtum bezieht, der in diesem Monat in den Großen Seen Amerikas herrscht. Leider gehören Störe heute zu den meistbedrohten Fischen.

Weitere Bezeichnungen für den August-Vollmond sind Gerstenmond, Getreidemond und Grüner Mond, was auf die Fülle von Feldfrüchten und Obst in diesem Monat hinweist.

SONNE
Unser Leben und unser Planet drehen sich ganz buchstäblich um die Sonne. Die Sonne bestimmt die Jahreszeiten, welche Nahrung wächst und wie wir unseren Tag gestalten, und sie kann unsere Stimmung beeinflussen.

Erde

KRISTALL: ENGEL-AURA-QUARZ

Engel-Aura ist ein reiner und klarer Quarz, der mit Platin und
Silber bedampft wurde, um an der Steinoberfläche einen Regen-
bogenschimmer zu erzeugen. Er soll die spirituelle Verbindung und
den Optimismus fördern.

ENGEL-AURA-QUARZ

Hoffnung	*Fördert Einsicht und Weisheit*
Optimismus	*Löst Blockaden*
Innerer Einklang	*Hebt die Stimmung*

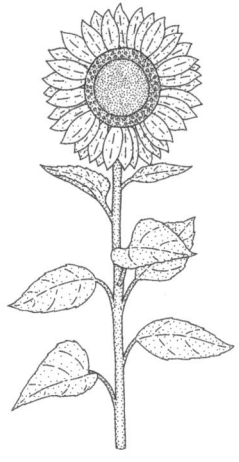

AUGUSTBLUMEN:
SONNENBLUME, MOHN,
FUCHSIE, FACKELLILIE,
ASTER, STERNDOLDE

Unser Favorit: Sonnenblume –
Die in Nordamerika heimische
Sonnenblume hat ihren Namen von
ihrer Ähnlichkeit mit der Sonne: Sie
leuchtet gelb und hat ein rundes,
sonnenähnliches „Gesicht", das sie
stets zur Sonne ausrichtet. Deshalb
symbolisiert sie in vielen Traditionen
grenzenlose Liebe und Treue. Für die
amerikanischen Ureinwohner war
die Sonnenblume ein Symbol des
Überflusses, während sie in China mit
Glück in Verbindung gebracht wird.

ÄTHERISCHES ÖL: JASMIN

Jasminöl hat einen wohlriechenden Blumenduft. Das Öl soll Liebe
und Schönheit anziehen sowie das Selbstwertgefühl und das Selbstvertrauen stärken. Es steht in Zusammenhang mit dem Herz- und
Kehlchakra. Jasminöl hebt die Stimmung und stärkt die Selbstliebe.

Affirmationen

Unser edles Selbst ist in Wirklichkeit unser höheres, liebevolles Selbst. Es geht nicht um Status oder Ansehen, sondern um Authentizität und Selbstverbundenheit sowie darum, anzuerkennen, dass alles eins ist. Je mehr wir uns selbst treu sind, desto mehr können wir wirklich lieben und geliebt werden.

Das Leben befindet sich in ständiger Bewegung; es ist ein sich wandelnder Kreislauf – wir wachsen und ruhen, gehen von Licht zu Schatten, von Herausforderung zu Erfolg und wieder zurück. Wir lernen durch Erfahrung, wir entwickeln uns durch Ausprobieren und Scheitern, aber in der Regel können wir behaupten, dass wir unser Bestes gegeben haben.

Auf unserer Reise, auf der wir etwas über uns selbst lernen und die Welt in uns und außerhalb von uns in Einklang bringen möchten, ist es angemessen, einen Moment innezuhalten und uns daran zu erinnern, wie weit wir gekommen sind.

In Einklang zu leben bedeutet, mit dem Leben mitzugehen und zu wachsen, als der authentischste Ausdruck von uns selbst. Sich dem zu widersetzen, ruft Leid hervor.

Rufen Sie sich ins Bewusstsein, wie weit Sie gekommen sind. Wissen Sie Ihre Reise zu schätzen und finden Sie Frieden in der sich ständig weiterentwickelnden Geschichte, in der Sie immer mehr zu ihrem eigenen Ich werden.

„Ich bin stolz darauf, wie weit ich gekommen bin."

„Ich lerne, es zu genießen, ganz ich selbst zu sein, ohne jede Rechtfertigung."

„Es ist sicher, ich selbst zu sein. Es ist sicher, auszudrücken, wer ich wirklich bin."

„Ich lebe in Einklang mit meinem höchsten Selbst."

„Ich bringe mein wahres Selbst durch wahre Worte, gütige Taten, nicht wertende Verwundbarkeit und Vertrauen in meine eigene unerschütterliche Stärke zum Ausdruck."

Meditation

MEDITATION FÜR DIE AUSGEWOGENHEIT DER CHAKREN

1. Konzentrieren Sie sich ganz auf Ihr Steißbein, hier befindet sich das Wurzelchakra.

2. Stellen Sie sich vor, dieser Körperteil wäre von einem tiefroten Licht erfüllt. Wiederholen Sie folgende Worte: „Ich bin in Sicherheit", „Ich bin zu Hause".

3. Konzentrieren Sie sich auf die Partie unterhalb des Bauchnabels, auf das Sakralchakra. Stellen Sie sich ein energiespendendes Orange vor und wiederholen Sie: „Ich erlaube mir zu fühlen", „Ich bin ein(e) leidenschaftliche(r) und sinnliche(r) Mann/Frau".

4. Richten Sie Ihren Fokus nun auf den Solarplexus, der oberhalb des Bauchnabels und unterhalb der Rippen liegt. Stellen Sie sich ein leuchtendes Gelb vor und wiederholen Sie: „Ich vertraue auf meine Fähigkeiten", „Ich respektiere mich".

5. Konzentrieren Sie sich auf das Herzchakra. Stellen Sie sich ein beruhigendes Grün oder Rosarot vor. Bekräftigen Sie: „Ich bin voller Liebe", „Ich werde geliebt".

6. Richten Sie Ihre Aufmerksamkeit auf das Halschakra, visualisieren Sie ein schönes blaues Licht und wiederholen Sie: „Ich drücke mich klar aus", „Ich spreche meine Wahrheit aus".

7. Fokussieren Sie sich auf den Bereich zwischen den Augenbrauen (das „dritte Auge"); hier sitzt das Stirnchakra. Stellen Sie sich eine violette Farbe vor. Wiederholen Sie: „Ich vertraue meiner Intuition", „Ich öffne mich meiner inneren Führung".

8. Schließlich konzentrieren Sie sich auf den Scheitelpunkt Ihres Kopfes, auf das Kronenchakra, und visualisieren ein kristallklares weißes Licht als Kugel, die auf Ihrem Kopf ruht.

9. Atmen Sie in diese Verbundenheit hinein und wiederholen Sie die Affirmationen: „Ich bin im Einklang mit mir selbst" und „Ich bin verbunden".

Bewegung

IM YOGA-FLOW

Yoga bedeutet „Vereinigung", mit anderen Worten: in Einklang zu kommen und die Harmonie von Körper, Geist und Seele zu erlangen.

„Einklang" wird oft in Zusammenhang mit den körperlichen Aspekten des Yoga erwähnt, doch ist auch die spirituelle Seite des Yoga eine Praxis des Einklangs für den Geist und die Seele, einschließlich der Erforschung der Yamas und Niyamas, einer Reihe spiritueller Richtlinien und ethischer Prinzipien.

LOS GEHT'S

Bewegen Sie sich mit Liebe. Beachten Sie, wie jede Tat, jedes Wort und jede Bewegung eine Energie besitzt und diese Energie auf alles um Sie herum ausstrahlt. Nehmen Sie Korrekturen vor, um zu gewährleisten, dass Sie in Einklang leben.

YOGAHALTUNGEN FÜR DEN EINKLANG VON GEIST, KÖRPER UND SEELE

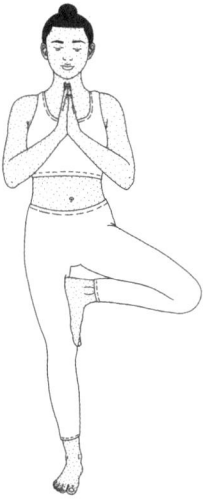

Baum
(*Vrksasana*)

Stellen Sie sich aufrecht hin. Schließen Sie kurz die Augen und fühlen Sie sich in Ihren Körper hinein. Entspannen Sie die Schultern und lassen Sie die Arme locker hängen.

Heben sie einen Fuß an, sodass die Sohle den Oberschenkel an der Innenseite des Standbeins berührt. Lassen Sie die Hüften vorne und üben Sie gleichmäßigen Druck zwischen Fußsohle und Oberschenkel aus. Halten Sie die Hände in Gebetshaltung vor der Brust und lassen Sie den Blick schweifen. Bleiben Sie einige Atemzüge lang in dieser Position, wiederholen Sie die Übung dann mit dem Bein auf der anderen Seite.

Tänzer
(*Natarajasana*)

Atmen Sie im Stehen ein paarmal durch, bevor Sie das eine Knie hinter sich so beugen, dass die Ferse Ihren Po erreicht. Greifen Sie mit der Hand, die sich auf derselben Seite wie das Bein befindet, nach hinten und halten Sie sich an der Außenseite des Fußes fest. Halten Sie die Brust gerade und offen; drücken Sie den Fuß fest in die Hand und heben Sie das Bein hinter dem Körper an. Wenn Sie Ihr Gleichgewicht gefunden haben, können Sie den gegenüberliegenden Arm vor sich ausstrecken und den Blick nach vorne richten. Die Übung auf der anderen Seite wiederholen.

Ritual

Rituale werden seit Jahrhunderten zelebriert, um das Bewusstsein, die Konzentration und die geistige Verbindung zu stärken.

SIE BENÖTIGEN:

eine Kerze

ein Gedicht oder einen Text, das bzw. der in Ihrer Seele Nachhall findet

Salbei oder Palo Santo

Ätherisches Jasminöl, das als Massageöl genutzt wird (siehe Seite 155)

einen ruhigen Platz

eine Decke zum Sitzen

RITUAL, UM SIE WIEDER IN EINKLANG MIT SICH SELBST ZU BRINGEN

1. Legen Sie Ihre Decke aus und praktizieren Sie das Räucherritual (Seite 80). Setzen Sie sich auf Ihre Decke.

2. Legen Sie Ihr Vorhaben fest. Zünden Sie, als Zeichen für den Beginn Ihres Rituals, die Kerze an, und sprechen Sie Ihr Vorhaben laut aus. Lesen Sie Ihren besonderen Text laut vor.

3. Tropfen Sie etwas Massageöl auf Ihre Handflächen und massieren Sie sanft Gesicht, Hände und Füße.

4. Legen Sie eine Hand auf Ihr Herz, die andere auf Ihren Bauch, und sagen Sie laut: „Ich fordere den weisen, liebevollen, vergebenden, starken Teil von mir auf, hervorzutreten und jeden meiner Teile zu halten, der verängstigt, eingeschüchtert oder verschattet ist. Ich rufe alles, was in mir ist, hervor. Ich liebe dich. Ich liebe dich immer noch. Ich liebe dich."

5. Legen Sie sich – die Augen bleiben geöffnet – mit dem Rücken auf die Decke, und stellen Sie sich den weiten Himmel über Ihnen vor. Ihre Handflächen und Ihr Herz zeigen nach oben. Ruhen Sie hier für ein paar Sekunden in Ihrem offenen, empfänglichen und dankbaren Dasein, genau so, wie Sie sind.

6. Wenn Sie bereit sind, Ihr Ritual zu beenden, setzen Sie sich wieder hin. Lesen Sie Ihren Text noch einmal laut vor und blasen Sie dann die Kerze aus, um das Ende Ihres Rituals zu veranschaulichen.

Selbstfürsorge

Unser Innehalten, um anzuerkennen, wie weit wir gekommen sind, verliert sich oft in einem Hamsterrad des Tuns, Erreichens, Verbesserns. Wir vergessen, dass wir einst um das gebeten haben, was wir jetzt haben. Wir vergessen, innezuhalten, wenn wir ein Ziel erreicht oder einen Traum verwirklicht haben, und ehe wir uns versehen, sind wir schon zum nächsten übergegangen.

Es ist nichts Falsches daran, stets im Flow zu sein, den Brotkrumen auf dem Pfad dessen zu folgen, was uns erleuchtet und herausfordert, uns weiterzuentwickeln und Erfahrungen zu sammeln. Das Innehalten jedoch, um anzuerkennen und sich daran zu erinnern, wie weit wir gekommen sind, ist ein Akt der Selbstfürsorge.

Nehmen Sie sich ein paar Minuten Zeit, um darüber nachzudenken, wie weit Sie gekommen sind, und seien Sie dankbar für das, was Sie haben. Dazu könnte gehören:

Selbstachtung – Erkennen Sie das an, was Sie erreicht haben, als sich in schweren Zeiten Ihr weises und liebevolles Selbst gezeigt hat. Erkennen Sie an, wie Sie diese Achterbahn der Erfahrungen gemeistert haben.

Mitgefühl mit sich selbst – Verzeihen Sie sich alle Fehler. Lassen Sie die Schuldgefühle hinter sich und machen Sie weiter, nachdem Sie aus der Erfahrung gelernt haben.

Eigenlob – Loben Sie sich für Ihre Leistungen. Spüren und feiern Sie die kleinen Erfolge ebenso wie die großen; sprechen Sie sie aus. Sagen Sie zu sich selbst oder einer nahestehenden Person: „Das habe ich gut gemacht."

Selbstliebe – Danken Sie sich selbst für all das, was Sie sind. Erkennen Sie Ihre Einzigartigkeit, Ihre Belastbarkeit und Ihre Stärke an. Gönnen Sie sich etwas, um Ihre Entwicklung und Ihren Weg zu würdigen.

Auf ähnliche Weise, wie Sie vielleicht die letzten langen Sommernächte genießen, gönnen Sie sich ein paar Augenblicke, um die Geschenke Ihrer persönlichen Reise zu genießen, die Sie hierher gebracht hat, bis zu genau diesem Moment.

Rezepte und Getränke

GEMÜSE UND OBST DER SAISON:
Chili, Paprika, Schalotte, Mais, Kartoffel, Tomate

KRÄUTER DER SAISON:
Minze, Salbei, Zitronenmelisse, Basilikum, Schafgarbe, Oregano

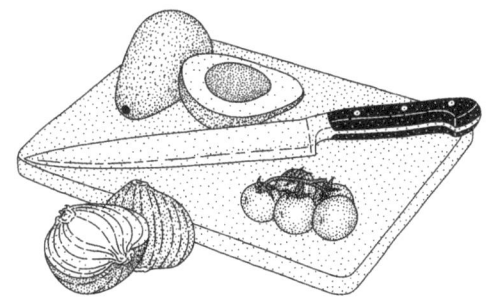

GUACAMOLE
FÜR VIER PERSONEN ALS VORSPEISE

ZUTATEN

3 sehr reife Avocados, Schale und Stein entfernt	Saft von 1 großen Limette
1 große reife Tomate, fein gehackt	1 Handvoll gehackter Koriander
1 rote Zwiebel, fein gewürfelt	Salz und schwarzer Pfeffer
	Tortilla-Chips

ZUBEREITUNG

1. Alle Zutaten außer die Tortilla-Chips in eine Rührschüssel geben und nach Geschmack würzen.

2. Mit einer Gabel oder einem Schneebesen grob vermengen. Nach Belieben abschmecken. Mit Tortilla-Chips servieren.

MAISSUPPE
FÜR VIER PERSONEN

ZUTATEN

1 große weiße Zwiebel, fein gewürfelt	1 Gemüsebrühwürfel, aufgelöst in 350 ml warmem Wasser
2 Knoblauchzehen, fein gehackt	400 ml gehaltvolle Kokosnussmilch
2 Stangen Staudensellerie, grob gehackt	1 Handvoll gehackter Koriander
1 große weiße Kartoffel, gewürfelt	Salz und schwarzer Pfeffer
325 g Mais aus der Dose	

ZUBEREITUNG

1. Die Zwiebel in etwas Öl in einer tiefen Pfanne anbraten, bis sie anfängt, braun zu werden.

2. Knoblauch, Sellerie und Kartoffel ein paar Minuten mitdünsten, dann würzen.

3. Mais, Brühe und Kokosmilch hinzugeben und zum Kochen bringen.

4. Die Hitze reduzieren und das Ganze zugedeckt köcheln lassen, bis die Kartoffel und der Sellerie weich sind.

5. Vom Herd nehmen, den gehackten Koriander hinzufügen und nochmals abschmecken, ggf. nachwürzen.

6. Drei Viertel der Suppe in einen Mixer geben und sämig pürieren.

7. Die sämige Suppe in die Pfanne mit der restlichen Suppe zurückgeben. Nochmals erhitzen und mit frischem Pfeffer bestreut servieren.

Das Glück weitergeben

DIE KRAFT DES VORSATZES

Wenn Sie Ihr August-Selbst annehmen, können Sie Ihre gutgemeinten Vorhaben in diesem Monat noch weiter ausdehnen.

Wird Ihr edles, höheres, göttliches und liebendes Selbst – Ihr wahres Ich – nach vorn gerufen, werden Sie vielleicht feststellen, dass Sie sich auf natürliche Weise in ein Gleichgewicht versetzt fühlen, mit größerer innerer, authentischer Kraft. Wenn Sie das Gleichgewicht dessen finden, was es wirklich bedeutet, in Einklang mit Ihren Gedanken, Worten und Taten zu leben, wird ein beruhigendes Gefühl der Freiheit damit einhergehen.

> Dr. Wayne Dyer, Autor zahlreicher Bücher, sagte: „Wenn Sie zielstrebig sind, wenn Sie die Kraft Ihrer Vorsätze stets in sich spüren, wird jeder, den Sie treffen, von Ihnen und der Energie, die Sie ausstrahlen, beeinflusst. Wenn Sie selbst zur Kraft des Vorsatzes werden, werden Sie sehen, wie sich Ihre Träume auf fast magische Weise erfüllen, und Sie werden sehen, wie Sie allein durch Ihre bloße Präsenz große Wellen in den Energiefeldern anderer erzeugen."

Nehmen Sie sich in diesem Monat einen Vorsatz, der nicht nur Ihnen, sondern der ganzen Welt dient – Menschen, Tieren, Pflanzen – und leben Sie danach.

Flüstern Sie ein „Danke schön", senden Sie kleine Gebete aus, lassen Sie andere an Ihrer Meditationspraxis teilhaben, wünschen Sie Ihrem Nachbarn Gesundheit und Ihrem Feind Genesung.

Senden Sie Liebeswellen aus, überall hin. Erinnern Sie sich daran, dass alles eins ist, dass es keine Vereinzelung gibt. Keine Person oder Sache ist wertvoller oder edler als eine andere; alle sind gleich, alle versuchen ihr Bestes, alle sind „erhaben" auf ihre eigene Weise.

Umweltbewusst handeln

FEIERN SIE DIE KLEINEN VERÄNDERUNGEN, DIE SIE AUF DEN WEG GEBRACHT HABEN, UM DER ERDE MEHR LIEBE ENTGEGENZUBRINGEN

Der Versuch, umweltfreundlicher zu handeln, kann einem wie eine riesige Herausforderung vorkommen, da man meint, es müssten zu viele Änderungen auf einmal vorgenommen werden.

Nehmen Sie sich in diesem Monat einen Moment Zeit, um die kleinen Veränderungen zu feiern, die Sie in diesem Jahr unternommen haben, um etwas bewusster zu leben.

So wie Landwirte ihre Ernte einfahren und den Boden für künftige Pflanzungen vorbereiten, sollten Sie mit Ihren Umweltgewohnheiten verfahren.

Listen Sie Ihre kleinen Veränderungen auf – vielleicht trinken Sie inzwischen aus einem wiederverwendbaren Kaffeebecher, benutzen keine Wegwerf-Gesichtstücher mehr und weniger Plastik oder kaufen mehr regionale Produkte ein.

Geben Sie Ihrer Liste einen Titel, der positiv, aufbauend und befürwortend klingt, z. B. „Wie ich der Erde Liebe entgegenbringe" oder „Wie ich der Erde meinen Respekt erweise".

Hängen Sie Ihre Liste an den Kühlschrank oder an eine Pinnwand, sodass Sie sie regelmäßig sehen, und schreiben Sie alles, was Ihnen in diesem Monat einfällt, hinzu.

Freuen Sie sich über jede kleine Veränderung, die Sie vornehmen, und lassen Sie sich davon anspornen, weiterhin gutmeinende Entscheidungen für Ihren Körper, Ihre Community und den Planeten zu treffen.

Weiter so!

Kreativität

Diesen Monat geht es darum, Erfahrungen auf kreative Weise zu würdigen – sowohl die Reise als auch die Schönheit des gegenwärtigen Augenblicks – und gleichzeitig etwas zu schaffen, das einfach nur Spaß macht!

Nehmen Sie sich diesen Monat Zeit, um durch Scrapbooking, Fotografie und bildende Kunst ganz bewusst gestalterisch tätig zu werden.

1. ERINNERUNGEN WÜRDIGEN – SCRAPBOOKING

Ich erinnere mich noch gut daran, wie ich in der Grundschule ein Erinnerungsalbum mit vielen eingeklebten Dingen (Scrapbook) über einen Schulausflug zur Isle of Wight erstellt habe. Und ich kann die Aufregung um meine Geburt anhand des kleinen Baby-Scrapbooks nachvollziehen, das meine Mutter mit bestimmten Daten (meinem ersten Lächeln, meinem ersten Spaziergang) und einer kleinen Haarlocke gefüllt hat. Beide Alben blättere ich immer wieder gerne durch.

Kaufen Sie sich diesen Monat ein leeres Scrapbook und machen Sie daraus eine kleine Zeitkapsel für ein Erlebnis, das Sie in diesem Monat hatten – auch wenn es etwas ganz Alltägliches ist. Wie wir alle wissen, ändern sich die Lebensrhythmen, und auch das Leben, das Sie derzeit führen, wird sich mit der Zeit unweigerlich verändern. Kleben Sie eine Visitenkarte Ihres Lieblingscafés ein, ein Foto von der Aussicht aus Ihrem Schlafzimmerfenster, die Packung Ihres Lieblingskaffees! Was auch immer sich richtig anfühlt, kleben Sie es in Ihr Scrapbook ein als einen Tag in Ihrem Leben. Es kann auch ein wichtiges Ereignis sein, das Sie in diesem Monat erleben oder erleben werden. Seien Sie spielerisch und kreativ und legen Sie ein Album mit Erinnerungen an.

2. SCHÖNHEIT WÜRDIGEN – FOTOGRAFIE

Das digitale Zeitalter der Fotografie hat die Vorfreude auf unsere entwickelten Fotos verdrängt. Ich weiß noch, wie ich einst mit meinen Freunden vor dem Fotoladen stand und gespannt ein Päckchen mit bildlichen Erinnerungen öffnete. Die meisten Dinge in unserem Leben finden heute sofort statt, und oft übernehmen unsere Handys die Aufgabe unserer Augen.

Wir halten alles fest! Wenn Sie unlängst auf einem Konzert waren, wissen Sie, dass die Sicht auf die Bühne durch hochgehaltene Handys verdeckt wird, die pausenlos Videos aufnehmen.

Die Kunst des Fotografierens kann durchaus eine achtsame Tätigkeit sein, allerdings bedarf es dafür einer ganz leicht veränderten Energie: Knipsen Sie nicht einfach wie verrückt drauflos aus Angst, etwas zu verpassen; fotografieren Sie nicht so viel, dass Sie vor lauter Knipsen den Live-Event oder den Ort, an dem Sie gerade sind, gar nicht mehr mit Ihren eigenen Augen sehen. Machen Sie es genau umgekehrt! Schießen Sie weniger Fotos, aber seien Sie stattdessen in dem, was Sie erleben, völlig präsent. Versuchen Sie ein bestimmtes Gefühl, die Energie, die von dem Ort ausgeht, die Zeit oder die Situation in einem Foto festzuhalten statt jede Mikrosekunde. Unter dem Hashtag #YourSpiritualAlmanac können Sie diese Fotos auch auf Instagram posten.

3. DIE SCHÖPFUNG EHREN – BILDHAUEREI, VISUELLE KUNST, HERSTELLEN, EINRAHMEN

Etwas mit den Händen zu formen, zu konstruieren oder zum Leben zu erwecken, ist ein therapeutischer Ausdruck der Kunst, Ihrer selbst und der Freude. Sie können einen Töpferkurs besuchen, wenn Ihnen danach ist. Oder Sie kaufen sich etwas Knetmasse oder Fimo und fertigen kleine Modelle an, wie Sie es als Kind getan haben. Oder Sie gestalten oder wählen einen schönen Rahmen für eines Ihrer Fotos. Würdigen Sie die Kunst, die Schönheit und die Schöpfung.

Verbundenheit

Der wahre Ausdruck seines Selbst zu sein und in Harmonie zu leben, ist ein Geschenk an die Welt.

Unter Schutzschichten – Schichten der Selbstkonditionierung und der Erfahrung, der Scham und der Angst – liegt die wahrhaftigste Version des „Selbst", das Selbst, das unseren eigenen Wert und unsere eigene Weisheit, Stärke, Liebe, Macht und Einzigartigkeit kennt. Wir brauchen nicht zu lernen, wie wir mehr „unser Selbst" sein können. Stattdessen können wir uns, wenn wir wollen, daran erinnern, die Geschichte, die Schranken und die Schutzmechanismen aufzugeben, die uns daran hindern, wirklich das zu sehen und zu fühlen, was da ist, und voll und ganz in diesem Moment zu leben.

Wenn es eine Trennung zwischen unserer inneren und äußeren Welt gibt, ist unsere Erfahrung des Lebens selbst nicht in Einklang. Wenn die Gedanken, die wir haben, die Worte, die wir sprechen, und die Handlungen, die wir tun, alle nicht miteinander verbunden sind, und wenn die Bemühungen, die wir unternehmen, um Frieden und Sinn außerhalb von uns selbst zu finden, nicht von einem Ort der Liebe ausgehen, leben wir in einem ungesunden Raum. Wenn wir nicht in Einklang leben, verlieren wir den Kontakt zu unserem wahren Wesen und vergessen den Strom der Liebe, der stets in uns ist.

Gedanken werden zu Gefühlen, und beide prägen unsere Lebenserfahrung. Sie werden zu den Filtern, durch die wir die Welt erfahren. Nicht in Einklang zu leben bedeutet, Teile von uns selbst und unseren Erfahrungen, einschließlich unserer Gedanken und Gefühle, zu leugnen, sie abzulehnen und zu ignorieren.

Wenn wir uns dessen bewusst sind, können wir uns eine Pause gönnen und uns so akzeptieren, wie wir sind. Wir können uns darin üben, die auftauchenden und sich wieder verflüchtigenden Gedanken und Gefühle zu beobachten und uns dafür entscheiden, mit unserem wahren Wesen verbunden zu bleiben, dem unerschütterlichen Fundament der Liebe und der Güte in uns: unserem wahren Selbst.

Seien Sie wie die Sonnenblume: Stehen Sie aufrecht und stolz. Wenden Sie Ihr Gesicht und Ihr Herz dem Licht zu. Finden Sie Ihr Zuhause in Ihrer einzigartigen Ausstrahlung und sonnen Sie sich in der Wärme der letzten Strahlen der Sommersonne.

Tagebuch

IN EINKLANG MIT DEM LEBEN, DER MAN IST

Stimmen meine Worte und Taten mit meinen
Gedanken und meiner Wahrheit überein?

Was hindert mich daran, meine Wahrheit frei und
selbstbewusst auszusprechen und zu verkörpern?

Welche Bereiche meines Lebens kommen mir so vor,
als befänden sie sich in Disharmonie?
Und welche Veränderungen wären nötig, um diese
Bereiche in Einklang zu bringen?

AUGUST

September

**Der Herbst ist eine Jahreszeit der
Gegensätze, von Licht und Schatten.**

Die Herbst-Tagundnachtgleiche markiert das
Ende des Sommers und bietet die Gelegenheit,
für das Gewesene zu danken, sich auf das
Kommende vorzubereiten und das Vorhandene
im gegenwärtigen Augenblick gut zu nutzen.

Im Herbst lassen wir von Vielem ab, sehen das
Gute in Veränderungen und überlegen uns, welche
Samen wir für die Zukunft säen und kultivieren
möchten. Während des Übergangs in eine neue
Jahreszeit erinnern wir uns daran, wie bedeutend
für uns das Empfangen ist, und positionieren
uns als behütete, offene Empfänger für all
die Liebe, das Glück und die Freude, die auf
uns zukommen. Unser Thema für diesen
Monat lautet: Empfangen.

„Es gefällt mir zu wissen,
dass das Universum mir
alles geben wird,
was ich zuzulassen
bereit bin."

ESTHER HICKS
AMERIKANISCHE VORTRAGSREDNERIN

Erzählung

Es lebten einmal eine Mutter und ihr Sohn, die waren sehr arm. Die Mutter wollte nur das Beste für ihren Sohn und fragte ihn eines Tages, ob sie ihm vom Markt etwas mitbringen solle. Er antwortete: „Eine Trommel!"

Sie konnte sich kein Spielzeug leisten, wollte aber auch nicht mit leeren Händen zurückkehren. Am Straßenrand fand sie ein schönes Stück Holz und nahm es als Geschenk für ihren Sohn mit nach Hause.

Der Junge bedankte sich und nahm es zum Spielen mit. Kurz darauf begegnete er einer alten Frau, die sich abmühte, ein Feuer anzuzünden. „Hier", sagte er, „ich habe etwas Holz, das dir helfen wird, ein Feuer zu machen", und reichte ihr das Holz. Die alte Frau war hocherfreut und bot dem Jungen zum Dank ein Stück Brot an.

Er nahm das Brot und setzte seinen Weg fort, bis er am Wegesrand eine Mutter mit einem weinenden Kind sah.

„Sie weint, weil sie hungrig ist", erklärte die Mutter. „Hier", sagte der Junge und reichte ihr das Stück Brot. Aus Dankbarkeit schenkte die Mutter dem Jungen einen Mantel.

Der Junge kam zu einer Brücke und sah einen Mann ohne Hemd, der vor Kälte zitterte. Er war beim Reiten hinterrücks überfallen und all seiner Habe beraubt worden, einschließlich des Hemds. „Hier", sagte der Junge und reichte ihm den Mantel. Aus Dankbarkeit bestand der Mann darauf, dass der Junge das Pferd nahm.

Der Junge nahm das Pferd und stieß bald darauf auf eine Hochzeitsgesellschaft. Die Braut war in Not und berichtete, dass kein Reiter gekommen sei, um sie zu ihrer Hochzeit zu bringen. „Hier", sagte der Junge und bot ihr sein Pferd an.

„Wie können wir uns revanchieren?", fragte die Braut.

„Nun, vielleicht könnte ich eine dieser Trommeln haben?", fragte der Junge und zeigte auf die Instrumente, die die Hochzeitsgesellschaft bei sich trug.

„Nimm sie", sagte die Braut und reichte ihm die schönste Trommel, die sie hatten. Der Junge war begeistert und rannte den ganzen Weg nach Hause, um seiner Mutter von seinem Abenteuer zu erzählen.

Sterne, Mond, Sonne

Das Erntedankfest bezeichnet den letzten Tag der Ernte Ende September und ist seit Jahrhunderten ein Anlass zum Feiern und zu Zusammenkünften. Traditionell findet es an dem späten Septembersonntag statt, der der Herbsttagundnachtgleiche am nächsten liegt.

Die Ernte wird in vielen Kulturen gefeiert: Dann wird das Essen geteilt, gesungen, Städte und Dörfer werden geschmückt und Körbe voller Früchte und anderer Lebensmittel dargebracht.

STERNE
JUNGFRAU (23. AUGUST BIS 22. SEPTEMBER) – ERDZEICHEN

Jungfrau ist ein Sternzeichen, das mit der sumerischen Göttin Shala in Verbindung gebracht wird, die eher für die Mädchenzeit, für Reinheit und Ganzheit als für sexuelle Unschuld stand. Das Jungfrau-Symbol ist eine m-förmige Kurve, die eine junge Frau und eine Kornähre symbolisieren soll, wobei die Schleife ihre Fähigkeit darstellt, zwischen richtig und falsch zu unterscheiden. Die Jungfrau wird von Merkur regiert, der sein eigenes Symbol hat – einen Kreis über einem Kreuz, der für Empfänglichkeit und offene Kommunikation steht.

MOND

Der Vollmond im September wird Mais- oder Gerstenmond genannt, und der Vollmond, der am nächsten an der Herbsttagundnachtgleiche aufgeht, wird als Erntemond bezeichnet. Das kann im September oder Oktober geschehen, und der Name bezieht sich auf das Licht, das er zu dieser Jahreszeit spendet und das den Bauern bei der Ernte hilft.

SONNE

Die Sonne beginnt ihren Abstieg nach Süden, nachdem sie den Himmelsäquator zur Herbsttagundnachtgleiche, die zwischen dem 21. und 24. September stattfindet, überquert hat.

Erde

KRISTALL: CITRIN

Citrin ist ein weicher, transparenter, gelber Quarz. Er sieht aus wie ein Tropfen Sonnenlicht und hebt die Stimmung, während wir uns auf die kühleren, dunkleren Monate des Herbstes zubewegen. Citrine können helfen, Wohlergehen und Liebe auf sich zu ziehen.

CITRIN

Offenheit	*Wohlstand*
Glück	*Empfangen von Liebe*
Großmut	*Energiespendend*

SEPTEMBERBLUMEN: SCHLANGENWURZEL, HEIDEKRAUT, BRANDSCHOPF, GLATTBLATTASTER, GROSSBLÜTIGE BALLONGLOCKE

Unser Favorit: Glattblattaster – Die in Nordamerika und Italien heimische Pflanze verdankt ihren englischen Namen („Michaelmas Daisy") dem Michaelistag, einem christlichen Fest Ende September, das mit dem Ende einer Jahreszeit und dem Beginn einer anderen verbunden ist.

ÄTHERISCHES ÖL: ZEDERNHOLZ

Zedernholz hat einen holzigen Duft, der wärmend und beruhigend wirkt. Es dient uns zur Erdung und fördert das geistige Erwachen, zudem hilft es, spirituelle Hilfestellung und Führung zu erhalten. Zedernholzöl soll blockierte Energie wieder freisetzen sowie Ängste und Sorgen lindern, indem es uns mit unserer inneren Führung verbindet.

Affirmationen

Wie oft haben Sie schon ein Kompliment abgelehnt, indem Sie
es abgeschwächt oder ganz von sich gewiesen haben? So sagt
vielleicht jemand: „Ihr Mantel gefällt mir", und Sie antworten:
„Ach, der war ganz billig." Oder jemand bietet Ihnen Hilfe an,
und Sie lehnen das Angebot vielleicht ab, weil Sie keine Belastung
darstellen wollen.

Tatsächlich liegt im Empfangen generell auch Güte. Für die
Person, die Hilfe, ein Kompliment, Beistand oder eine Gefälligkeit
anbietet, ist es ein gutes Gefühl, wenn ihr großzügiges Entgegen-
kommen mit Wohlwollen aufgenommen wird.

Üben Sie sich in diesem Monat darin, etwas entgegenzunehmen,
und achten Sie darauf, wann Sie etwas ausschlagen oder nicht
annehmen wollen. Bekräftigen Sie sich selbst darin, dass es etwas
Freundliches und Unbedenkliches ist, Komplimente, Rückhalt
und Liebe zu empfangen.

*„Je mehr Liebe ich gebe,
desto mehr Liebe bekomme ich zurück."*

*„Wenn ich etwas gebe, nehme ich mit Dankbarkeit
und Freude etwas entgegen."*

*„Ich habe ein offenes, gütiges Herz und bin es wert,
das zu bekommen, worum ich bitte."*

„Ich nehme mit Würde etwas entgegen."

„Etwas zu empfangen ist ein Akt der Großzügigkeit."

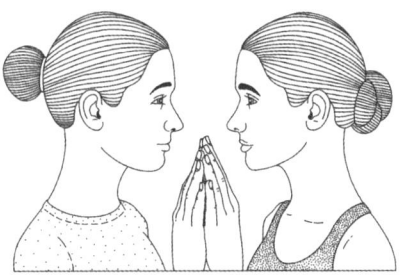

Meditation

MEDITATION ZUM THEMA EMPFANGEN

(1) Schließen Sie die Augen und atmen Sie ein paarmal lange, langsam und tief ein, um in Ihrer Meditation anzukommen.

(2) Führen Sie einen kurzen Bodyscan durch, um alle Spannungen im Körper zu lockern und zu lösen (siehe Seite 17).

(3) Verbinden Sie sich zunächst mit Ihrem Herzen. Spüren Sie die Kraft des Herzens und nehmen Sie wahr, was dort ist.

(4) Konzentrieren Sie sich auf Ihren Atem und stellen Sie sich vor, dass jedes Ausatmen das Herz, den Geist und den Körper von Ablenkungen, geschwächter Energie oder Spannungen befreit.

(5) Fokussieren Sie sich auf den Scheitelpunkt Ihres Kopfes und stellen Sie sich dort eine Kugel aus klarer weißer Energie vor, so wie Sie es am Ende der Chakra-Meditation auf Seite 157 getan haben.

(6) Atmen Sie in den Raum hinein, und stellen Sie sich mit jedem Einatmen vor, dass Sie sich mehr und mehr mit dieser gewaltigen Energie verbunden fühlen.

(7) Stellen Sie sich vor, Sie würden jedes Mal über den Scheitelpunkt Ihres Kopfes einatmen. Nehmen Sie die Energie des Universums durch diesen Punkt in Ihr Herz und Ihren Körper auf und seien Sie dankbar.

(8) Lassen Sie bei jedem Ausatmen den Atem mit Dankbarkeit los, als ein Akt des Zurückgebens.

(9) Verweilen Sie ein paar Augenblicke in dieser Visualisierung.

(10) Wenn Sie bereit sind, Ihre Meditation zu beenden, atmen Sie lange und langsam und voller Dankbarkeit ein; stellen Sie sich vor, wie sich das Energiezentrum am Scheitelpunkt Ihres Kopfes wieder verschließt, und fühlen Sie sich dann zurück ins Herz.

(11) Sage Sie leise im Geiste oder laut: „Danke, danke, danke."

Bewegung

GEMEINSCHAFTSTANZ

Gemeinschaftstänze sind seit Jahrhunderten ein fester Bestandteil traditioneller Erntedankfeste und stehen das ganze Jahr über im Zentrum vieler Veranstaltungen. Ob es sich um einen keltischen Cèilidh-Tanz, einen Linedance zu Country-Musik oder einen traditionellen Bauerntanz handelt – bei so gut wie allen Arten von Gemeinschaftstänzen muss man sich einen Partner schnappen!

Gemeinschaftliche Tanzveranstaltungen können die Zugehörigkeit zu einer Gruppe stärken und sind zugleich ein gutes Training, denn man kommt dabei ganz schön außer Atem!

LOS GEHT'S

Besuchen Sie eine Tanzveranstaltung und schwingen Sie Ihren Hintern! Wenn Sie in Ihrer Nähe keine finden, können Sie auch eine eigene Veranstaltung organisieren, um Geld für einen guten Zweck, der Ihnen am Herzen liegt, zu sammeln.

Katze – Kuh
(*Marjaryasana – Bitilasana*)
Gehen Sie in den Vierfüßlerstand. Die Hände stehen direkt unter ihren Schultern auf dem Boden, die Knie unter den Hüften, der Rücken ist gerade. Lassen Sie den Bauch beim Einatmen Richtung Boden sinken, ziehen Sie dann Sitzknochen und Schulterblätter nach oben. Machen Sie beim Ausatmen mit dem Rücken einen Katzenbuckel; stützen Sie sich fest auf Händen und Knien ab, um sie in einer Linie zu halten. Lassen Sie die Bewegung Ihrem Atem folgen, um den Rücken zum Leben zu erwecken.

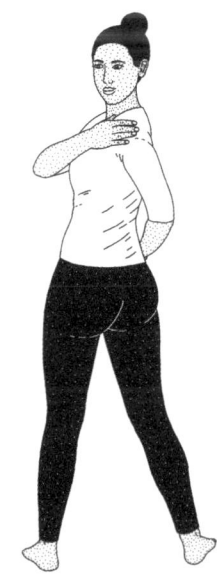

Ziehbrunnen
(*Katichakrasana*)

Beginnen Sie im Stehen, strecken Sie die Arme vor der Brust aus, wobei die Handflächen zueinander zeigen. Drehen Sie die Handgelenke zu einer Seite und lassen Sie die Arme folgen, indem Sie sie hinter den Rücken und die Rippen fallen lassen, bevor Sie das Handgelenk zur anderen Seite drehen und die Arme nachfolgen lassen. Die Übung einige Male hin und her in einem Tempo wiederholen, das sich angenehm und energetisierend anfühlt.

Heuschrecke
(*Salabhasana*)

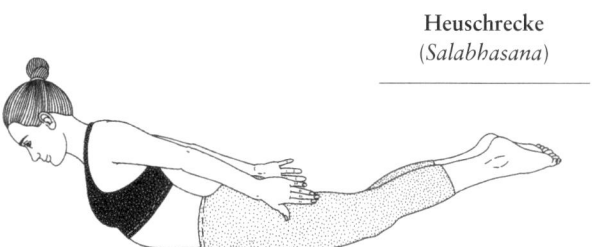

Legen Sie sich mit den Armen an der Seite auf den Bauch. Drücken Sie das Schambein sanft in die Matte und spannen Sie die Beine an, bevor Sie Oberkörper, Arme, Beine und Kopf vom Boden abheben und sich in eine sanfte Rückenbeuge bringen. Einige Atemzüge lang in dieser Position bleiben, bevor Sie sich wieder auf den Boden absenken. Die Übung ein paarmal wiederholen.

Ritual

Auf Bali sind Rituale Teil des täglichen Lebens. Kleine Schalen mit farbenfrohen, duftenden Leckereien werden vor Häusern, Tempeln und auf öffentlichen Plätzen sowie um Privathäuser herum auf den Boden gestellt. Sie symbolisieren nicht nur ein tiefes Gefühl der Dankbarkeit, sondern enthalten auch Wünsche für Frieden und Wohlstand in der Welt.

Jeden Tag wird eine neue Opfergabe als ein Akt der Selbstaufopferung, der Hingabe und der Meditation dargebracht. In den Schalen, die oft gemeinsam in der Familie aus Bananenblättern geflochten werden, finden Blumen, Reiskörner, Kuchen, Wasser und Räucherwerk Platz.

Beim Platzieren der Schalen werden Gebete geflüstert und die Opfer dargebracht. Derjenige, der die Schale hergerichtet hat, löst sich dadurch geistig von seiner Gabe, sodass es ihm nichts ausmacht, wenn ein ungeschickter Tourist darauf tritt oder ein Affe herabspringt, um den Kuchen zu stehlen. Der heilige Akt liegt in der Herstellung und die göttliche Absicht in der Gabe.

LOS GEHT'S

Fertigen Sie Ihre eigene Variante einer täglichen oder wöchentlichen Opfergabe an. Stellen Sie jeden Morgen (oder z. B. jeden Samstagmorgen) eine kleine Schale mit Dingen auf, die für Sie eine symbolische Bedeutung haben, als Zeichen der Dankbarkeit gegenüber dem Universum, der Hingabe an die Verkörperung Ihres wahren Selbst und des Wunsches nach Mitgefühl und Harmonie. Das können Wasser, Düfte, Blumen oder andere Dinge aus der Natur sein. Kehren Sie regelmäßig zu Ihrer heiligen Darbringung zurück, um sie aufzufüllen und aufzufrischen, und sprechen Sie dabei ein kurzes Gebet für Ihr Anliegen.

Selbstfürsorge

Ein gesundes Gleichgewicht zwischen Geben und Nehmen in allen Lebensbereichen ist ein Zeichen der Selbstfürsorge und des Respekts. Werden Sie sich darüber klar, ob Sie jemand sind, der zu viel gibt; dann üben Sie sich darin, mehr zu empfangen – und umgekehrt.

Oft glauben wir unterbewusst, dass wir dann geliebt und anerkannt werden, wenn wir immerzu etwas geben – und dass es egoistisch oder unselbstständig sei, wenn wir etwas bekommen. Alles, was aus dem Gleichgewicht gerät, verursacht Probleme, aber zu gewährleisten, dass man genauso viel erhält, wie man gibt, ist für die emotionale, spirituelle und sogar körperliche Gesundheit unerlässlich.

Wenn Sie sich in einer Beziehung befinden, in der Sie zu viel geben und nichts zurückbekommen, sollten Sie das (Un-)Gleichgewicht ansprechen. Bitten Sie um das, was Sie sich wünschen, und denken Sie daran, dass Veränderungen nicht über Nacht geschehen und dass das, worum wir bitten, manchmal auch erst auf unterschiedliche, umständliche Weise auftaucht.

Rezepte und Getränke

GEMÜSE DER SAISON:
Chili, Paprika, Gurke, Aubergine, Kopfsalat, Fenchel, Blattgemüse

KRÄUTER DER SAISON:
Koriander, Dill, Petersilie

AUBERGINEN-DIP
FÜR VIER PERSONEN ALS BEILAGE

ZUTATEN

2 Auberginen	1 kleines Bund Petersilie
2 Knoblauchzehen	1 EL Sesamöl
1 EL Tahin	Salz und schwarzer Pfeffer
1 TL geräuchertes Paprikapulver	Pitabrot

ZUBEREITUNG

1. Den Backofen auf 200 °C vorheizen.

2. Die Auberginen der Länge nach halbieren und mit der Hautseite nach oben auf ein Backblech legen. 35 Minuten im Ofen braten.

3. Das Fruchtfleisch der Auberginen vorsichtig mit einem Löffel aus der Schale heben und in einen Mixer geben; die Schale entsorgen.

4. Knoblauch, Tahin, Paprikapulver, Petersilie und Sesamöl in den Mixer geben und alles durchmixen, bis eine sämige Masse entsteht.

5. Nach Geschmack würzen. Mit warmem Pitabrot servieren.

ZUCCHINI-FRITTATA
FÜR VIER PERSONEN ALS BEILAGE

ZUTATEN

Olivenöl	1 Knoblauchzehe, zerdrückt
1 große Ofenkartoffel, geschält und gewürfelt	450 g Seidentofu
4 Schalotten, in Scheiben geschnitten	125 ml Haferdrink (oder ein anderer Milchersatz)
2 mittelgroße Zucchini, gewürfelt	1 EL gehackter frischer Dill
	1 TL Dijon-Senf

ZUBEREITUNG

1. Den Ofen auf 180 °C vorheizen. Etwas Olivenöl in eine Pfanne geben, Kartoffel und Schalotten darin etwa 5 Minuten braten.

2. Die Zucchini und den Knoblauch hinzufügen und mitbraten, bis alles weich ist, dann würzen.

3. Tofu, Haferdrink, Dill und Senf in einer Schüssel oder einem Mixer verrühren.

4. Das Gemüse in eine Auflaufform geben und die Tofumischung gleichmäßig darübergießen, sodass die Flüssigkeit das gesamte Gemüse bedeckt.

5. 30–40 Minuten im Ofen backen, bis der Tofu fest ist. Mit einem Deckel oder einer Folie abdecken, falls der Tofu vor Ende der Backzeit zu dunkel wird.

Das Glück weitergeben

DAS BROT BRECHEN

„Gemeinsam das Brot brechen" bedeutet, sich eine Mahlzeit zu teilen – als Familie oder als Gruppe von Freunden zusammenzukommen und gemeinsam zu essen, zu trinken und sich zu unterhalten. Der Begriff stammt aus biblischen Zeiten, als das Brot wesentlich härter war als unser heutiges und der Laib aufgebrochen wurde, um ihn am Tisch zu teilen.

Das gemeinsame Essen ist gut für unser Wohlbefinden, stärkt das Gemeinschaftsgefühl und die soziale Zusammengehörigkeit. Es ist ein schöner Anlass, um zu teilen, zu geben und zu nehmen.

LOS GEHT'S

Organisieren Sie ein kleines Essen mit Freunden, zu dem jeder etwas mitbringt, um gemeinsam zu speisen und sich zu unterhalten.

KAUFEN UND SPENDEN SIE LEBENSMITTEL FÜR DIE TAFEL

Tafeln sind auf Lebensmittelspenden für Bedürftige angewiesen. Nach dem Motto „Gib das, was du bekommen möchtest", können Sie sich diesen Monat von Ihrer großzügigen und hilfsbereiten Seite zeigen und Lebensmittel anbieten, indem Sie für die Tafel in Ihrer Nähe einkaufen. (Schauen Sie im Internet nach, wo sie sich befindet.)

Umweltbewusst handeln

DIE GANZE ERNTE VERWERTEN, NICHTS VERSCHWENDEN

Es mag etwas verfrüht erscheinen, im September schon an Weihnachten zu denken, aber jetzt ist die richtige Zeit, die Früchte des Sommers zu verwerten, indem man Chutneys und Marmeladen zubereitet, die man zu Weihnachten verschenken kann. Sie selbst sparen dabei Geld, machen anderen ein schönes Geschenk, und es ist umweltfreundlich. Das Pflücken von Wildfrüchten wie Brombeeren, die zu Marmelade verarbeitet werden können, macht Spaß und gibt Ihnen ein gutes Gefühl.

ZUCKERFREIE MARMELADE LEICHT GEMACHT

Zutaten: 300 g Beeren Ihrer Wahl (z. B. Himbeeren oder Brombeeren), 250 ml Wasser, 2 EL Zitronensaft, 2 EL Honig oder Ahornsirup und ½ Teelöffel Maismehl.

Alle Zutaten in einem Topf bei mittlerer Hitze aufkochen, bis die Mischung dickflüssig und breiig ist, dann in keimfreie Gläser abfüllen und vor dem Verschließen abkühlen lassen.

ZUCKERFREIES CHUTNEY

Zutaten: 200 g Trockenfrüchte (z. B. Äpfel oder Aprikosen), 1 Zwiebel, 1 Knoblauchzehe, Gewürze (z. B. gemahlener Zimt oder Currypulver), 5 EL Apfelessig, 8 EL Flüssigkeit (Orangen- oder Apfelsaft) und 1 EL Honig oder Ahornsirup.

Alle Zutaten 25–30 Minuten in einer Pfanne braten, dann in keimfreie Gläser abfüllen und vor dem Verschließen abkühlen lassen.

Kreativität

SYNCHRONIZITÄTEN WAHRNEHMEN, BEWUSST LEBEN UND DANKBAR SEIN

Synchronizitäten werden leicht als Zufälle abgetan, aber was ist, wenn sie tatsächlich Momente göttlicher Führung sind, die uns auf den Weg zur Erfüllung unserer Wünsche oder unserer Berufung führen?

Wie ich festgestellt habe, muss ich, um etwas vom Universum zu empfangen, auf verschiedene Weise in Erscheinung treten: Ich muss mir darüber im Klaren sein, worum ich bitte und laut aussprechen, was ich will, und ich muss präsent und offen bleiben, um zu empfangen. Ich lebe ganz bewusst und bin dankbar für das, was ich bereits habe. Wenn ich mich auf diese Weise zeige, fühlt es sich an, als würde ich meine Schwingungen steigern, damit sie mit der Frequenz dessen übereinstimmen, was ich mir wünsche, und es gibt mir ein ruhiges und vertrauensvolles Gefühl. Dann versetzen mich Synchronizitäten in Erstaunen, und das Leben scheint mühelos seinen Weg zu nehmen.

Diesen Monat besteht Ihre Kreativaufgabe in einem Prozess, der sich über den ganzen September erstreckt. Erstellen Sie eine Liste mit allen Synchronizitäten, die Sie im Lauf des Monats erlebt haben. Schreiben Sie außerdem auf, was Sie dankbar erhalten oder erreicht haben. Zunächst aber wollen wir uns so gut wie möglich auf das Empfangen vorbereiten.

1. LEBEN SIE BEWUSST

Zuerst werden wir uns angewöhnen, unsere Vorsätze zu erfüllen, indem wir uns einen Tag lang vornehmen, die einfachsten Dinge zu erledigen.

Bevor Sie irgendeine Aufgabe erledigen – aus dem Bett aufstehen, Zähne putzen, Kaffee kochen oder was auch immer –, sagen Sie: „Ich stehe jetzt auf." Und dann … stehen Sie auf – anmutig, gut gelaunt und dankbar.

2. MACHEN SIE SICH KLAR, WAS SIE WOLLEN

Erinnern Sie sich daran, was Sie gerne bekommen möchten, was sie anziehen wollen. Vielleicht das, was Sie zu Beginn des Jahres auf Ihr Vision Board geschrieben haben (siehe Seiten 26–27) – es könnte sich im Lauf der Monate verändert haben. Werden Sie sich darüber klar und bitten Sie in kleinen Gebeten darum, oder fassen Sie sich ein Herz und machen Sie es publik, indem Sie es jemandem sagen oder in den sozialen Medien posten.

3. BEGINNEN SIE DORT, WO SIE GERADE SIND

Kombinieren Sie Nr. 1 und 2. Leiten Sie bewusst Maßnahmen ein, um das zu erreichen, was Sie gerne möchten.

4. ACHTEN SIE AUF SYNCHRONIZITÄTEN, KLEINE SIEGE UND SCHÖNE DINGE

Legen Sie eine Liste in die Nähe Ihres Altars oder Vision Boards, auf der Sie jede zufällige Begegnung notieren können, wenn Sie Hilfe oder Unterstützung erhalten haben oder etwas geschah, das Ihnen auf Ihrem Weg geholfen hat. Vielleicht war es Geld, das genau zum richtigen Zeitpunkt kam, oder eine Gelegenheit, die sich aus heiterem Himmel ergab.

Schreiben Sie jede Synchronizität auf, sobald sie eingetreten ist. Fügen Sie alles hinzu, was Sie sonst noch bekommen haben – Hilfe, Beistand, Komplimente, Aufmunterung, Dank oder Lob.

5. SEIEN SIE DANKBAR

Schauen Sie sich am Ende des Monats Ihre Liste an. Haben Sie das Gefühl, als gäbe es einen Energiesog in eine bestimmte Richtung? Wie fühlt es sich an, sich an die Liebe und Unterstützung zu erinnern, die Sie immer umgibt, und dankbar zu sein für das, was Sie haben?

Verbundenheit

Eine der Affirmationen im Juli lautete: „Jeden Tag werden meine Träume wahr". Wie das genau geschehen wird, ist ein göttliches Geheimnis; wir müssen nur darauf vertrauen, dass sie sich entfalten, und offen dafür sein, das zu empfangen, was auf uns zukommt – wie der kleine Junge in der Geschichte auf Seite 173: Er verschenkte das, was er hatte, nicht etwa, um dafür etwas zurückzubekommen. Er lehnte nicht ab, was ihm angeboten wurde, nur weil es nicht genau das war, was er in diesem Augenblick eigentlich haben wollte. Er nahm die Gabe dankend an und verschenkte sie dann genauso bereitwillig – und wie es der Zufall wollte, erhielt er schließlich das, wovon er geträumt hatte.

Eine zufällige Begegnung mit einer Person könnte dazu führen, dass Sie Ihren Traumpartner treffen. Spontan an irgendeiner Veranstaltung teilzunehmen, könnte dazu führen, dass Sie jemanden treffen, der Ihnen eine Tür Ihrer Karriere öffnet und Ihnen hilft, Ihren Traumjob zu bekommen. Alles ist miteinander verbunden und verwoben. Wir blockieren diesen Fluss, wenn wir nicht entgegennehmen, was uns angeboten wird. Wir blockieren den Fluss, indem wir fordern, dass das Leben anders verlaufen soll oder dass die Dinge schneller passieren sollen. Und wenn wir das tun, sagen wir tatsächlich gleichzeitig auch Nein zu dem, was wir wollen.

Ich verspreche Ihnen, dass Sie es wert sind, all die Liebe, das Glück, die Freude und die Güte zu erhalten, die die Welt zu bieten hat; Sie müssen nur offen dafür sein. Bleiben Sie bei dem, was Ihnen lieb ist, und lassen Sie den Rest hinter sich.

Tagebuch

„Du wirst es sehen,
wenn du es glaubst."

Wayne Dyer

WIE EMPFANGE ICH ETWAS?

Wie fühlt es sich für mich an, etwas zu
bekommen – Geschenke, Hilfe, Beistand,
Komplimente?

Warum wehre ich mich gegen das Empfangen?
Welche Überzeugungen habe ich, bewusst
oder unbewusst, die mich daran hindern, etwas
anzunehmen?

Wie würde eine Grenze für mich in meinen
Beziehungen aussehen, um ein Gleichgewicht
von Geben und Nehmen zu gewährleisten?
Wie kann ich meine Bedürfnisse besser
kommunizieren?

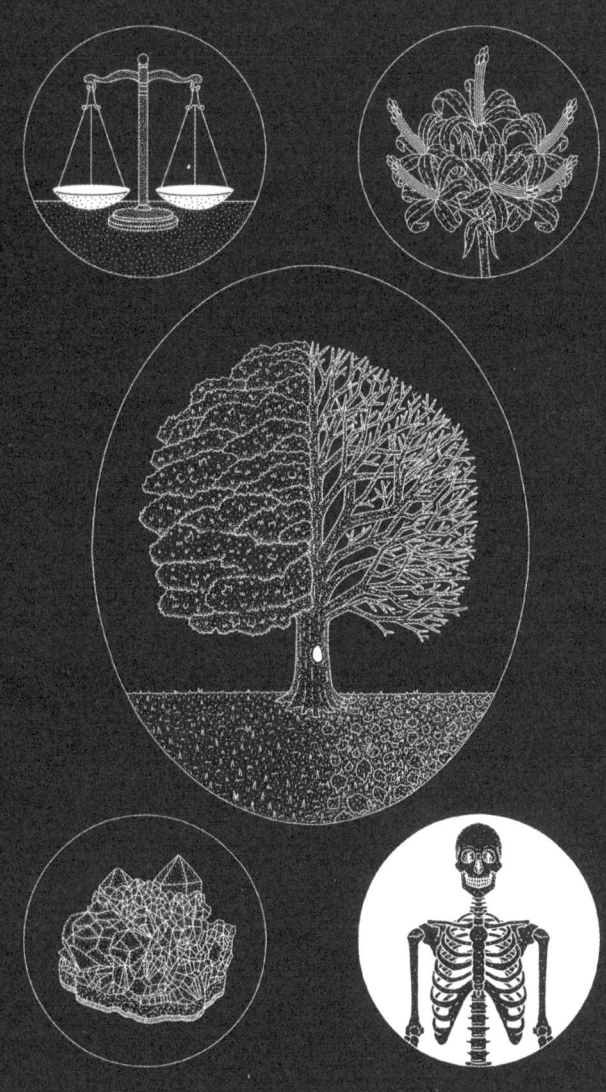

Oktober

**Das Leben ist ein ständiger,
sich verändernder Kreislauf.**

Die Bäume, die als Teil der immer wiederkehrenden
Erneuerung ihre Blätter abwerfen, liefern uns mit
dieser Symbolik die Weisheit, die unser Thema für
diesen Monat bestimmt. Wir können uns
davon inspirieren lassen, wie sachte jedes Blatt zu
Boden fällt, oder von der Anmut des Baums, der
sich nicht an seine im Sommer gewachsenen Blätter
klammert und ihnen nachtrauert, sondern sich in
dem Wissen von seinem Blattwerk trennt, dass er
zu gegebener Zeit wieder erblühen wird.

Wir laden Sie ein, diesen Monat als eine Zeit
des Loslassens, des Entrümpelns und der
Vorbereitung auf die ruhigeren, kürzeren Tage
des Winters zu betrachten. Unser Thema für
Oktober lautet: Loslassen.

„Vergiss alles,
woran du dich gebunden
hast, aber behalte in
Erinnerung, was du
daraus gelernt hast."

L. J. VANIER
AUTORIN UND JOURNALISTIN

Erzählung

Zwei Mönche waren auf einem langen Weg von einem Nachbardorf zurück zu ihrem Kloster. Sie gelangten an einen Fluss mit starker Strömung, an dessen Ufer eine junge Frau mit ängstlichem Gesicht stand. Sie bat die Mönche, ihr zu helfen, auf die andere Seite zu gelangen.

Da beide Mönche das Gelübde abgelegt hatten, keine Frau zu berühren, schüttelte der erste den Kopf und sagte: „Es tut mir leid, ich werde es nicht tun", und überquerte den Fluss allein. Doch der zweite Mönch hob sie auf seine Schultern und trug sie sicher über den Fluss. Dann schloss er sich dem anderen Mönch an, um den Weg fortzusetzen.

Sie gingen weiter, ohne ein Wort zu sagen. Zwei Stunden vergingen, dann drei. Schließlich wandte sich der erste Mönch, der den Fluss überquert hatte, an den zweiten und sagte: „Du hast gelobt, niemals eine Frau zu berühren, und doch hast du sie auf deinen Schultern getragen!"

Der zweite Mönch sah seinen Freund freundlich an und antwortete: „Bruder, ich habe sie auf der anderen Seite des Flusses abgesetzt. Warum trägst du sie immer noch mit dir herum?"

Sterne, Mond, Sonne

Der Name „Oktober" leitet sich vom lateinischen Wort *octo* ab, was acht bedeutet. Der römische Kalender hatte ursprünglich nur zehn Monate, bevor um 700 v. Chr. Januar und Februar hinzukamen.

Der Oktober galt als die Zeit, in der der Schleier zwischen den beiden Welten am dünnsten ist, was am Abend vor Allerheiligen, heute als Halloween, gefeiert wurde.

STERNE
WAAGE (23. SEPTEMBER BIS 22. OKTOBER) – LUFTZEICHEN

Das Sternzeichen wird durch eine Waage dargestellt, die Gleichgewicht und Harmonie symbolisiert. Der Mond soll in der Waage gestanden haben, als Rom erschaffen wurde.

MOND
Der Vollmond im Oktober wird gemeinhin als Jäger- oder Blutmond bezeichnet, was sich auf das bei der Jagd vergossene Blut bezieht.

SONNE
Im Winter steht die Erde der Sonne am nächsten. Aufgrund der Neigung der Erde ist die nördliche Hemisphäre dabei von der Sonne abgewandt, was zu kürzeren, kälteren Tagen führt.

Erde

KRISTALL: AMETHYST

Amethyst hilft, den Geist zu klären und emotionalen Ballast loszuwerden. Halten Sie Ihren Kristall als Totem beim Meditieren fest, stecken Sie ihn in die Tasche, wenn Sie das Gefühl haben, dass Sie ihn brauchen, oder stellen Sie ihn auf ein Regal im Schlafzimmer und überlassen Sie seinen heilenden Eigenschaften die Kontrolle.

AMETHYST

Beruhigt die Nerven	*Fördert die Konzentration*
Wirkt ausgleichend	*Vertreibt Negativität*
Macht geduldiger	*Wirft emotionalen Ballast ab*
Hilft, einen klaren Kopf zu behalten	

OKTOBERBLUMEN: NERINE, CHRYSANTHEME, DAHLIE

Unser Favorit: Dahlie – Steht für Eleganz, innere Stärke, Kreativität, Veränderung und Würde. Dahlien symbolisieren auch, dass man die Contenance wahrt, wenn man unter Druck steht, besonders in schwierigen Situationen.

ÄTHERISCHES ÖL: ZITRONENMELISSE

Die Zitronenmelisse (*Melissa officinalis*) ist eine weitverbreitete Gartenpflanze, deren Blätter häufig zur Herstellung von Elixieren oder Tees verwendet werden. Als ätherisches Öl soll sie Muskelverspannungen lösen, Ängste abbauen und für einen klaren Kopf sorgen.

Affirmationen

Im Lauf unseres Lebens werden wir mit etlichen Möglichkeiten konfrontiert, das „Loslassen" zu üben. Diese reichen von trivialen Begebenheiten – ein Fremder ist unhöflich oder man bekommt in einer bestimmten Situation nicht das, was man will – bis hin zu komplexeren und traumatischen Ereignissen, wenn das Leben, wie wir es kennen, auf irgendeine Weise verändert oder sogar zerrüttet wird.

Manchmal brauchen wir Hilfe, wenn wir etwas verarbeiten oder loswerden wollen, um weiterzukommen. Wenn wir loslassen, kehren wir wesentlich unbekümmerter in die große Weite des Augenblicks zurück, als wenn wir weiterhin negative Energie mit uns herumtragen.

Achten Sie besonders darauf, ob Sie sich in einer alten Geschichte gefangen fühlen, und üben Sie das Loslassen. Vielleicht finden Sie es beruhigend und bestärkend, die folgenden Affirmationen zu wiederholen.

„Ich schüttle die Vergangenheit mit Leichtigkeit von mir ab, um Raum für neue Anfänge zu schaffen."

„Ich bin genau da, wo ich sein muss."

„Ich werfe Dinge von mir ab, die nicht meinem höchsten Wohl dienen."

„Ich vergebe den Dingen, von denen ich meine, dass sie mir Unrecht getan haben."

Meditation

MEDITATION, UM LOSZULASSEN

1. Beruhigen Sie Ihren Atem, sodass er seinen natürlichen Rhythmus findet. Folgen Sie diesem ruhigen Rhythmus und verbinden Sie sich mit der Energie, die das Einatmen bereitstellt. Stellen Sie sich vor, mit jedem ruhigen Atemzug neues Leben, neue Energie einzuatmen.

2. Malen Sie sich aus, wie Sie mit jedem Atemzug alle Gefühle, Spannungen, Emotionen oder Ablenkungen in sich aufnehmen, um sie dann mit jedem Ausatmen gehen zu lassen. Jeder Atemzug schafft Raum, während Sie neues Leben und neue Energie einatmen und dann ausatmen und einfach loslassen.

3. Vergegenwärtigen Sie sich jemanden in Ihrem Leben, den Sie bedingungslos lieben – ein Kind, einen Partner, ein Elternteil oder einen Freund. Fühlen Sie sich ganz in Ihre Liebe zu dieser Person hinein und senden Sie ihr oder ihm Ihre Fürsorge, indem Sie im Stillen wiederholen: *Mögest du in Sicherheit sein. Mögest du gesund sein. Mögest du Frieden finden. Mögest du dich so akzeptieren, wie du bist.*

4. Als Nächstes denken Sie an eine neutrale Person und senden ihr Ihre Fürsorge: *Mögest du in Sicherheit sein. Mögest du gesund sein. Mögest du Frieden finden. Mögest du dich so akzeptieren, wie du bist.*

5. Stellen Sie sich dann eine Person vor, die Sie als schwierig empfinden. Senden Sie ihr, so gut Sie können, Ihre liebevolle Güte: *Mögest du in Sicherheit sein. Mögest du gesund sein. Mögest du Frieden finden. Mögest du dich so akzeptieren, wie du bist.*

6. Schließlich vergegenwärtigen Sie sich selbst – in Ihrer Einzigartigkeit – und schicken sich selbst Ihre liebevolle Güte. *Mögest du in Sicherheit sein. Mögest du gesund sein. Mögest du Frieden finden. Mögest du dich so akzeptieren, wie du bist.*

7. Sitzen Sie so lange, wie Sie Zeit haben, und verankern Sie sich in der Gegenwart.

Bewegung

Wenn Sie einmal Vögel auf einem Teich beobachtet haben, werden Sie bemerkt haben, dass nach einem Kampf zweier Vögel jeder der beiden mit den Flügeln schlägt, wie um überschüssige Energie loszuwerden, und dann zum Teich zurückkehrt, als wäre nichts passiert.

Bei den meisten Tieren ist das so. Das „Sich schütteln" ist eine Reaktion auf den Kampf-oder-Flucht-Impuls, entweder in Form eines Zitterns oder eines Körperschüttelns. Nach einem emotionalen, heftigen oder traumatischen Erlebnis schüttelt ein Hund seinen ganzen Körper, um überschüssige Spannung abzubauen und sein Nervensystem zu beruhigen.

Allein das Ausschütteln der Hände, um übermäßige Energie im Körper abzulassen, wenn wir spüren, dass sich Angst in uns breitmacht, kann manchmal helfen. Der therapeutische Nutzen, der entsteht, wenn man den ganzen Körper über einen längeren Zeitraum bewusst zittern lässt, wird vor allem durch die Bewegungspraxis TRE (Tremor Releasing Exercise) bewirkt.

LOS GEHT'S

Ob Sie an einem Kurs eines ausgebildeten TRE-Leiters teilnehmen oder einfach nur Ihre Hände ausschütteln, wenn Sie das Bedürfnis haben, etwas loswerden zu müssen: Greifen Sie immer dann auf dieses Schütteln oder Zittern zurück, wenn Sie etwas loslassen möchten.

YOGAHALTUNGEN ZUM LOSLASSEN

Totenhaltung
(*Savasana*)

Legen Sie sich mit ausgestreckten Beinen auf Ihre Yogamatte; die Arme liegen entspannt an den Seiten. Achten Sie auf alle Körperbereiche, die angespannt sind, z. B. Stirn oder Kiefer, und lassen Sie mit jedem Ausatmen diese Spannung los. Entspannen Sie auch Ihren Atem. Bleiben Sie 5–10 Minuten in dieser Position.

Nadelhaltung
(Parsva Balasana)

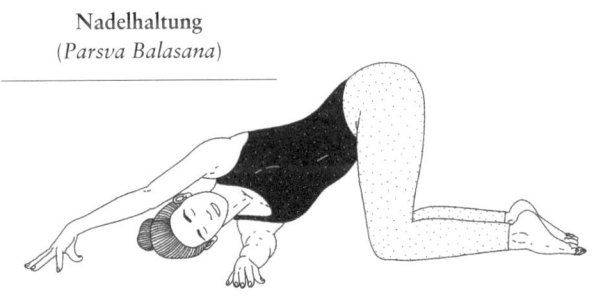

Beginnen Sie auf allen Vieren, mit den Händen unter den Schultern und den Knien unter den Hüften. Strecken Sie beim Einatmen den rechten Arm nach oben. Beim Ausatmen führen Sie den rechten Arm unter sich durch, wobei Sie die Schulter und das Ohr auf die Matte absenken. Strecken Sie den linken Arm aus. Wiederholen Sie die Übung auf der anderen Seite.

Hohe Plank-Haltung
(Phalakasana)

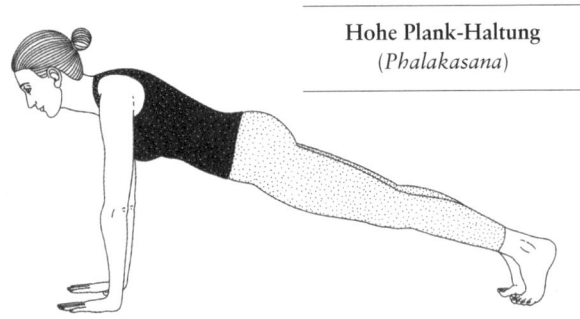

Im Vierfüßlerstand befinden sich Ihre Hände unter den Schultern auf dem Boden, die Fingerspitzen zeigen nach vorne. Strecken Sie nun erst ein Bein nach hinten aus, dann das andere. Halten Sie Arme und Beine gestreckt und drücken Sie den Boden von sich weg. Halten Sie die Position einige Atemzüge lang. Wenn Sie die Stellung aufgeben möchten, können Sie zum Beispiel die Hüften nach hinten in den Herabschauenden Hund kippen oder die Knie senken und in der Kindhaltung verweilen.

Ritual

FEUERZEREMONIE, UM ETWAS MIT DANKBARKEIT LOSZULASSEN

SIE BENÖTIGEN:

einen sicheren Zugang zu einem Kamin oder einer Feuerstelle

Schmierpapier

einen Stift

DER RAUM

Richten Sie den Raum für die Zeremonie her und vertreiben Sie negative Energien durch Ausräuchern (siehe Seite 80).

DIE ZEREMONIE

1. Überlegen Sie, was Sie bereit sind, loszulassen. Achten Sie darauf, wo im Körper Sie diese Gefühle oder Belastungen am stärksten spüren.

2. Schreiben Sie auf Zetteln auf, was Sie abschütteln wollen. Das kann ein Gefühl, eine Belastung, eine Gewohnheit oder eine Überzeugung sein, die Sie als einschränkend empfinden. Halten Sie inne und schließen Sie die Augen. Stellen Sie sich vor, wie die Energie in Ihrem Körper mit dem, was Sie aufgeschrieben haben, verbunden ist und von Ihrem Körper auf das Papier übergeht.

3. Sagen Sie laut: „Danke für das, was du mich gelehrt hast", und werfen Sie dann jedes Stück Papier ins Feuer.

4. Meditieren Sie kurz und lassen Sie alle aufkommenden Emotionen vollständig zu.

5. Verankern Sie sich wieder in der Gegenwart – in Ihrem Neuanfang.

Selbstfürsorge

Vergebung ist ein Akt der Selbstliebe. Nelson Mandela, mehr als ein Vierteljahrhundert in Haft, sagte nach seiner Freilassung: „Als ich zur Tür hinaus- und auf das Tor zuging, das mich in die Freiheit führen würde, wusste ich, dass ich immer noch ein Gefangener wäre, wenn ich nicht Verbitterung und Hass hinter mir ließe." Er fügte hinzu: „Verbitterung ist wie Gift zu trinken und dann zu hoffen, dass es deine Feinde tötet."

Wenn wir an Schuldgefühlen, Vorwürfen, Ängsten oder Ungerechtigkeit festhalten, wirkt sich das nur auf uns selbst aus, nicht aber auf die Person, die wir in irgendeiner Weise bestrafen wollen, oder auf das, was uns zugesetzt hat. Wenn uns jemand Unrecht getan hat, hegen wir vielleicht stets einen Groll gegen diese Person, aber wie Nelson Mandela sagte, schaden wir damit nur uns selbst: Die Verbitterung steckt in uns, das heißt, wir bestrafen uns in gewisser Weise selbst für den vergangenen Schmerz, den wir nicht verdient haben.

Vergebung bedeutet nicht, jemanden ungeschoren davonkommen zu lassen oder zu behaupten, dass das, was er getan hat, richtig war. Es ist vielmehr ein Akt der Liebe uns selbst und unserem eigenen Gefühl der Freiheit gegenüber. Mitgefühl ist ein Mittel der Erkenntnis, nämlich dass diejenigen, die Schaden anrichten, oft aus Angst, Unwissenheit, Verblendung oder Krankheit handeln: „Sie wissen nicht, was sie tun." Das gilt auch für uns selbst.

Oft ist die Person, der wir am schwersten vergeben können, wir selbst, und wir wünschen uns vielleicht: „Wenn wir damals nur gewusst hätten, was wir heute wissen." Die meisten von uns versuchen ihr Bestes, aber ab und an gelingt es uns nicht. Letztlich befreien wir uns von der Vergangenheit, wenn wir uns voll und ganz im Augenblick verankern. Wir lernen aus vergangenen Erfahrungen, wollen sie aber nicht mehr mit uns herumtragen. Wir befreien uns von der Last der Schuld, der Schuldzuweisung, des Grolls und des Leidens und füttern lieber den gutmütigen Wolf in uns (siehe Seite 33). Wir können uns dafür entscheiden, Liebe zu sein.

Rezepte und Getränke

GEMÜSE DER SAISON:
Rosenkohl, Brokkoli, Kürbis, Süßkartoffel, Spinat

KRÄUTER DER SAISON:
Thymian, Salbei, Petersilie, Schnittlauch

SÜSSKARTOFFELSUPPE
FÜR VIER PERSONEN

ZUTATEN

2 große Süßkartoffeln, geschält und in 2,5 cm große Würfel geschnitten	1 TL geriebener frischer Ingwer
1 EL Kokosnussöl	4 Karotten, grob gehackt
1 weiße Zwiebel, fein gewürfelt	400 m Kokosnussmilch
1 rote Chilischote, fein gehackt	1 Liter Gemüsebrühe
3 Knoblauchzehen, fein gehackt	1 Handvoll gehackter frischer Koriander
	Salz und schwarzer Pfeffer

ZUBEREITUNG

1. Den Ofen auf 180 °C vorheizen. Die Süßkartoffel in eine ofenfeste Form geben, mit Öl beträufeln und 15 Minuten im Ofen rösten, bis sie weich und leicht gebräunt ist.

2. In der Zwischenzeit in einer großen hohen Pfanne das Kokosöl erhitzen und die Zwiebel darin anbraten, bis sie langsam braun wird.

3. Chili, Knoblauch und Ingwer hinzugeben und 3 Minuten mitbraten.

4. Die Karotten hinzufügen und 5 Minuten unter Rühren mitbraten.

5. Die Kokosmilch und die Gemüsebrühe einrühren. Zum Kochen bringen, dann 20 Minuten köcheln lassen.

6. Die gebackene Süßkartoffel zusammen mit dem Koriander in den Topf geben und abschmecken. Ein paar Minuten abkühlen lassen.

7. Die Suppe etwas abkühlen lassen, bevor Sie sie in einen Mixer geben. Je nach Geschmack pürieren, bis die Suppe sämig ist oder etwas stückig bleibt, und dann wieder in den Topf geben.

8. Die Suppe erneut aufkochen und nach Belieben eindicken lassen. Abschmecken und ggf. würzen.

HAGEBUTTENTEE

Vom Spätsommer bis zum Herbst können Sie Hagebutten, die in Hecken und Wäldern in großer Zahl zu finden sind, pflücken und trocknen, um daraus einen Tee zu machen. Sie sind reich an Vitamin C und werden zur Linderung von Kopfschmerzen, Halsschmerzen und Angstzuständen verwendet. Alternativ können Sie getrockneten Hagebuttentee als lose Blätter in Reformhäusern kaufen.

Das Glück weitergeben

Die im Herbst fallenden Blätter sind für andere Pflanzen und für die Tiere lebenswichtig: Das Loslassen alter Blätter sorgt für einen fruchtbaren Boden, auf dem neues Leben gedeihen kann.

Kleidung an eine Wohltätigkeitsorganisation zu spenden, zeigt in vielerlei Hinsicht Engagement. Das Recyceln von Kleidung schont die Umwelt, indem nachhaltige Slow Fashion begünstigt wird; zudem hilft es Wohltätigkeitsorganisationen bei der Beschaffung von Geldern, lässt Sie selbst sparsam einkaufen und gibt Ihnen die Gelegenheit, Platz zu schaffen und sich von überflüssigen Dingen zu trennen.

Laut der Website Sustainable Fashion Matterz werden in den USA jedes Jahr 10,5 Millionen Tonnen Kleidung auf die Mülldeponie gebracht. Greenpeace schätzt, dass „20 % der weggeworfenen Kleidung nicht einmal getragen wird."

Eine Entrümpelung hat auch einen reinigenden Effekt. Die Ordnungsberaterin Marie Kondo löste ein weltweites Phänomen aus, als sie die Menschen bat, sich zu fragen: „Bringt mir das Freude?" Mit ihrem Buch *Magic Cleaning – Wie richtiges Aufräumen Ihr Leben verändert* (2013) hat sie eine Bewegung ins Leben gerufen, bei der es darum geht, zu entrümpeln, nicht zu horten und nur das zu behalten, was einem Freude bereitet.

Nehmen Sie sich diesen Monat Zeit, um Ihren Kleiderschrank oder gleich Ihr Zuhause zu entrümpeln, spenden Sie, was Sie können, an eine Wohltätigkeitsorganisation oder einen Secondhandladen, recyceln Sie Dinge und heben Sie abgetragene Kleidung auf, um sie als Putzlappen zu verwenden.

Umweltbewusst handeln

Die Herstellung eigener Reinigungsmittel ist nicht nur besser für die Umwelt und die allgemeine Gesundheit, sondern spart auch Geld.

Versuchen Sie diesen Monat, Ihre Schränke von Chemikalien zu befreien und dieses einfache Allzweckreinigungsmittel herzustellen.

ALLZWECKREINIGER

SIE BENÖTIGEN:

1 EL Backpulver	10 Tropfen ätherisches Öl – Teebaum, Lavendel und Eukalyptus sind allesamt natürliche Antipilzmittel mit desinfizierenden Eigenschaften
1 Liter Wasser	
Saft von 1 Zitrone	
3 EL Weißweinessig	

Alle Zutaten in eine Sprühflasche geben und zum Mischen gut schütteln.

Kreativität

VERLEIHEN SIE SICH AUSDRUCK

Das Schreiben von Briefen ist eine Kunstform, die auch als therapeutisches Mittel eingesetzt werden kann.

Sehr oft höre ich Menschen sagen (und ich schließe mich da mit ein), dass sie sich schriftlich besser ausdrücken können als von Angesicht zu Angesicht. Wenn ein ernstes Gespräch ansteht, ist ein Brief oft ein guter Anfang, um die Wahrheit ans Licht zu bringen. Aber warum ist das so?

Das Briefschreiben kann, ähnlich wie das Führen eines Tagebuchs, als Meditationsübung betrachtet werden. Es ist ein stiller, vertraulicher und unvoreingenommener Weg, unsere innere Wahrheit auszudrücken und zu Papier zu bringen. Unsere Schutzmechanismen werden dabei heruntergefahren und unsere Reaktionen beschwichtigt. Wir haben freie Hand, unsere Gedanken und unsere innere Führung auszudrücken.

In *Der Weg des Künstlers* schlägt Julia Cameron den Leserinnen und Lesern eine Übung vor, bei der sie Briefe von ihrem jüngeren Ich und von ihrem älteren Ich an ihr heutiges Ich schreiben sollen.

Ich weiß noch, wie ich das zum ersten Mal in einer Taco-Bar im Süden von Baja California, Mexiko, gemacht habe. Die Tatsache, dass ich immer noch die süße Limonade schmecke, den heißen Plastikstuhl unter mir spüre und die Behaglichkeit und die Gesellschaft, in der ich mich befand, nachvollziehen kann, spiegelt wider, wie effektiv dieses Schreiben für mich war.

Probieren Sie die folgenden Übungen aus, die von denen in *Der Weg des Künstlers* inspiriert sind. Verteilen Sie sie über den ganzen Monat oder führen Sie sie in einer Sitzung durch, je nachdem, was Ihnen richtig vorkommt.

1A. SCHREIBEN SIE EINEN BRIEF VON IHREM JÜNGEREN ICH

Schließen Sie die Augen und atmen Sie ein paarmal tief durch. Stellen Sie sich sich selbst in jüngeren Jahren vor und fühlen Sie in Ihr unschuldiges und neugieriges Herz hinein. Schreiben Sie einen Brief an sich selbst, jetzt sofort. Überlegen Sie, was Ihr jüngeres Ich Ihnen als Ratschlag geben würde, entweder allgemein oder zu einer bestimmten Frage, Aufgabe oder Entscheidung, vor der Sie gerade stehen.

1B. SCHREIBEN SIE EINEN BRIEF
AN IHR JÜNGERES ICH

Schreiben Sie einen Brief an Ihr jüngeres Ich, entweder direkt nach Übung 1A oder zu einem anderen Zeitpunkt im Monat. Geben Sie ihm Bestätigung, Orientierungshilfe oder Zuspruch. Schreiben Sie alles auf, was Ihr jüngeres Ich damals gerne hören oder wissen wollte.

2A. SCHREIBEN SIE EINEN BRIEF
VON IHREM ÄLTEREN ICH

Schließen Sie Ihre Augen und konzentrieren Sie sich. Stellen Sie sich eine ältere Version Ihrer selbst vor: Wie alt Sie sind, wo Sie sind, wie Sie aussehen, wie Sie sich gerade fühlen. Schreiben Sie einen Brief von dieser älteren und weiseren Version von Ihnen an Ihr heutiges Ich. Geben Sie erneut Ratschläge, Orientierung und Hilfestellung.

2B. SCHEIBEN SIE EINEN BRIEF
AN IHR ÄLTERES ICH

Fühlen Sie sich in die Ratschläge und die Weisheit hinein, mit denen Sie sich in den drei vorangegangenen Übungen verbunden haben, und schreiben Sie einen Brief an Ihr zukünftiges Ich als Erinnerung, als kleine Gebete, Vorsätze, Wünsche, Hoffnungen, Aufmunterung und Liebe.

Legen Sie ihn in einen Umschlag und adressieren Sie ihn an sich selbst. Schreiben Sie ein Datum darauf, an dem Sie ihn ein paar Jahre später öffnen können, und bewahren Sie ihn gut auf. Oder frankieren Sie ihn und geben Sie ihn jemandem, dem Sie vertrauen, mit der Bitte, ihn irgendwann in naher oder ferner Zukunft an Sie zurückzuschicken. Man weiß ja nie, vielleicht kommt er genau dann an, wenn Sie ihn brauchen.

Verbundenheit

Der Versuch, im Leben an etwas festzuhalten, ist vergeudete Energie. Die Erfahrung des Lebens selbst ist ein fließender, sich ständig verändernder Tanz der Gegebenheiten. Die meisten von uns sind bemüht, die Kontrolle über ihr Leben und ihre Wirklichkeit zu behalten. Die Vergangenheit oder die Dinge, wie wir sie gerne hätten, loszulassen ist eine Herausforderung, vor der die meisten von uns irgendwann stehen. Es ist genauso schwer, das „Gute" oder das Potenzial des Guten im Leben loszulassen, wie schwierige Erfahrungen loszulassen.

Loszulassen erfordert Vertrauen. Man muss davon überzeugt sein, dass Veränderungen etwas Positives sind und unserem höchsten Wohl dienen. Es erfordert, in all den Rhythmen und Zyklen, die Teil des Lebens sind, ein gewisses Maß an Trost zu finden. Wir müssen akzeptieren, dass nicht wir das Steuer in der Hand haben: Wir sind der Tanz des Lebens, nicht der Tänzer.

Der Fluss weiß nichts von dem riesigen Ozean, der ihn erwartet. Versuchte der Fluss, an einem Ort zu verharren, er würde stocken. Mit unserem Leben verhält es sich ähnlich. Wenn wir uns festhalten, macht sich Erschöpfung in uns breit. Wir vergessen, dem Nervenkitzel der Reise zu vertrauen, der in jedem sich entfaltenden Moment steckt. Wir vergessen, darauf zu vertrauen, dass neue Erfahrungen, Freundschaften, Liebe und Verbundenheit vor uns liegen und dass wir es wert sind, all das zu erleben.

Loslassen schafft Raum für Neues – sei es, dass wir uns von alten Überzeugungen, Mustern, Gewohnheiten, Fehlern, Beziehungen und Erfahrungen verabschieden, oder dass wir uns einfach von dem trennen, „wie die Dinge waren". Statt zu klammern, um etwas festzuhalten, sollten wir uns hingeben und dem Fluss des Lebens vertrauen, der uns trägt. Dann werden wir Freude an der Fahrt finden und einen Vorgeschmack auf die wahre Freiheit bekommen.

Tagebuch

> *„Wenn ich von dem ablasse, was ich bin, werde*
> *ich zu dem, was ich sein könnte. Wenn ich*
> *loslasse, was ich habe, bekomme ich, was ich*
> *brauche."*

Laotse
Autor des *Daudedsching*

So wie ein Baum mühelos seine Blätter abwirft – was bin ich bereit abzuwerfen? Was ist für mich nicht länger von Nutzen?

Was habe ich von dem gelernt, was ich loslassen möchte? Kann ich dabei ein Gefühl der Dankbarkeit empfinden?

Was könnte richtig laufen, wenn ich mich mit dem Strom treiben lasse?

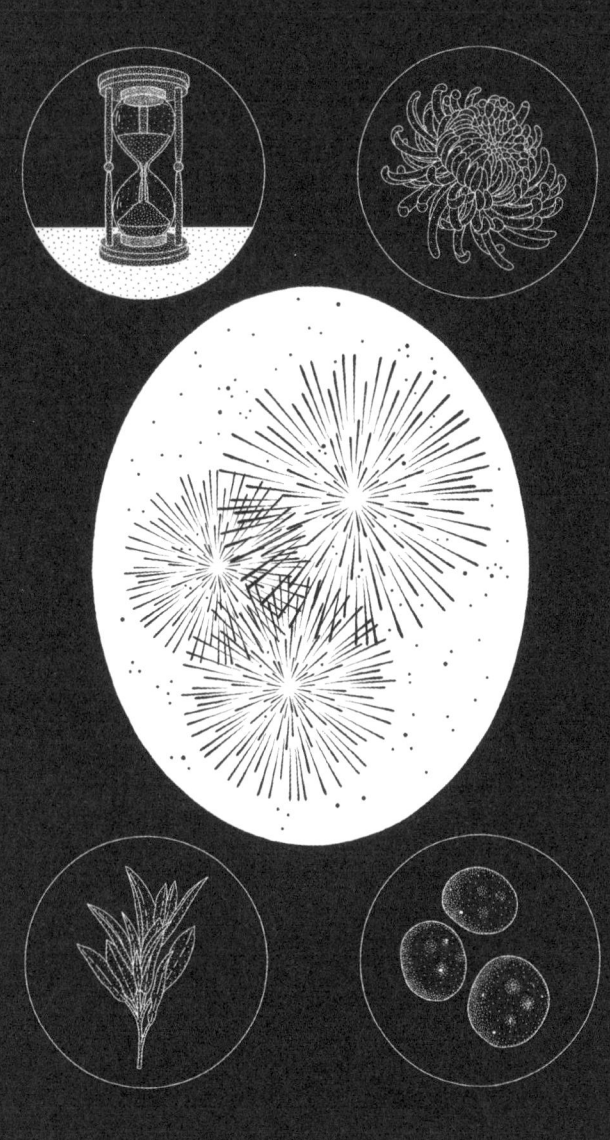

November

Alles im Leben befindet sich in ständiger
Veränderung – unsere Körper, unsere
Wahrnehmung und das Gefüge, das die
Gesellschaft zusammenhält. Wenn die
einzelnen Schichten des Egos im Lichte des
Bewusstseins abgestreift werden, erkennen
wir, dass das Leben selbst eine einzige große
Chance ist, zu lernen, sich zu entwickeln
und zu entfalten. Der Atem hebt und
senkt sich, die Sonne geht auf und unter,
und wir können diesen Kreislauf anerkennen, statt ihm Kontra zu bieten.

Die Vergänglichkeit bietet uns die Möglichkeit,
unsere Träume zu verwirklichen. Wenn wir in
der Vergänglichkeit Frieden finden, statt uns
ihr zu widersetzen, können wir wieder zu einer
unerschütterlichen Perspektive der Hoffnung
gelangen. Unser Thema für diesen Monat ist:
Vergänglichkeit.

„Sobald wir erkennen, dass alle Dinge vergänglich sind, haben wir kein Problem mehr, sie zu genießen. In der Tat sind wahrer Frieden und Freude die einzige Möglichkeit, wenn wir die Natur der Vergänglichkeit klar erkennen."

THÍCH NHAT HANH
VIETNAMESISCHER MÖNCH

Erzählung

Es lebte einmal ein mächtiger König, dessen geistige Gesundheit nicht die beste war. In Zeiten großer Euphorie traf er schlechte Entscheidungen, in Zeiten großer Verzweiflung verlor er sich in ängstlichen Gedanken.

Einer der Berater des Königs fertigte ihm einen Ring an, der ihm helfen sollte, sich nicht mehr in seinen manischen Höhen und Tiefen zu verfangen.

„Aber was soll ich damit machen?", fragte der König. „Wie funktioniert er?"

„Tragen Sie den Ring immer", antwortete der weise Mann. „Und dann, wenn Sie ihn am meisten brauchen, wird er Ihnen die Antwort zeigen."

Eines Tages, nicht lange danach, ritt ein Reiter in den Palast und rief: „Wir werden angegriffen. Das ganze Königreich ist umzingelt!"

Der König und sein Heer ritten auf das Schlachtfeld. Sie kämpften Tag und Nacht, und der König befürchtete allmählich, dass sie besiegt werden würden.

Gerade als er die Hoffnung verlor und sich ergeben wollte, erinnerte er sich an den Ring. Er blickte nach unten und sah eine Botschaft eingraviert, die er vorher nicht bemerkt hatte. Sie lautete: Auch dies wird vorübergehen.

Plötzlich schöpfte der König neue Hoffnung, frischen Mut und bekam einen Energieschub. Er führte seine Truppen an, die noch härter kämpften und alles gaben. Schon bald wendete sich das Blatt zu ihren Gunsten, und der Feind zog sich schließlich zurück.

Das ganze Königreich feierte die Rückkehr der Krieger und veranstaltete ihnen zu Ehren ein rauschendes Fest. Nach Tagen des Feierns hatte der König begonnen, sich in der Euphorie der Feierlichkeiten zu verlieren, als der Ring erneut seine Aufmerksamkeit erregte.

Die vier einfachen Worte „Auch dies wird vorübergehen" brachten den König wieder in seine Mitte und erinnerten ihn an den Gleichgewichtssinn, der in uns allen steckt.

Sterne, Mond, Sonne

Der November ist der letzte Monat des Herbstes und bringt einige Feste mit sich, darunter in Mexiko den Tag der Toten am 2. November und in Großbritannien die Bonfire Night am 5. November sowie in den USA Thanksgiving am dritten Donnerstag im November. Bei Thanksgiving steht das gemeinsame Essen im Mittelpunkt, bei der Bonfire Night versammelt man sich um ein Feuer, und am Tag der Toten in Mexiko betet man gemeinsam und gedenkt der Verstorbenen.

STERNE
SKORPION (23. OKTOBER BIS 22. NOVEMBER) – WASSERZEICHEN
Das Symbol ist ein Skorpion. Nach der ägyptischen Mythologie ist der Skorpion ein Wächter der Seelen, die sich zwischen den Welten bewegen.

MOND
Der Vollmond im November wird gemeinhin als Biber-, Frost- oder Schneemond bezeichnet, manchmal auch als Nebelmond. Es ist der letzte Vollmond des Jahres vor der Wintersonnenwende.

SONNE
Im Winter treffen die Sonnenstrahlen schräg auf die Erde und werden gestreut, sodass man das Licht der Sonne als kühler empfindet.

Erde

KRISTALL: MONDSTEIN
Der Mondstein ist ein schimmernder Stein, den es in klaren oder
perlmuttartigen Farben gibt. Das Spiel des Lichts verleiht ihm
ein zauberhaftes Aussehen und eine magische Anziehungskraft.
Hält man den Stein beim Meditieren als Totem, sorgt er für klare
Gedanken, fördert Heilungsprozesse und hilft bei Neuanfängen.

MONDSTEIN

Übergang	*Liebe*
Veränderung	*Hoffnung*
Glück	*Weisheit*
Spirituelle Einsicht	

NOVEMBERBLUMEN: CHRYSANTHEME, SALBEI,
MAHONIE, NERINE
Unser Favorit: Chrysantheme – Die in Asien und Nordeuropa
beheimatete Chrysantheme symbolisiert Hoffnung, Optimismus
und Treue. In Japan steht die Chrysantheme für die – etwas
paradox anmutende – Beständigkeit der Vergänglichkeit.

ÄTHERISCHES ÖL: VETIVER
Mit seinem rauchigen, holzigen Aroma fördert Vetiveröl die
Erdung und den Kreislauf des Menschen; es vertreibt negative
Energien und zieht frisches, erneuertes Leben und Energie an.

Affirmationen

Frieden im Vergänglichen zu finden, ist eine Frage der Einstellung, der Einsicht oder der Praxis. Wenn Sie versuchen, Ihre Umgebung, Ihre Emotionen, das Verhalten oder die Handlungen anderer Menschen oder sogar das Leben selbst zu kontrollieren, kann es schwierig und stressig werden, wenn das Leben nicht nach Ihrem Willen verläuft.

Wenn Sie sich mitten in einer schwierigen Lebenssituation befinden, können Sie Trost und Frieden finden, wenn Sie anerkennen, dass sich alles immer und unweigerlich ändern wird. Das gilt sowohl für individuelles als auch für kollektives Leid.

Wenn Sie gerade „gute" Zeiten erleben, kann das Wissen, dass sich die Dinge ändern werden, als Aufmunterung dienen und Sie daran erinnern, die schönen Momente und Erfahrungen zu genießen und sich an ihnen zu erfreuen, aber nicht an ihnen festzuhalten.

Jede Erfahrung wird eines Tages zu einer Erinnerung. Jeder Augenblick ist eine Momentaufnahme in der unendlichen Geschichte des Lebens. Das Ende einer Sache schafft einen fruchtbaren Boden, auf dem Neues gedeihen kann, und gibt gleichzeitig Raum für tief verwurzelte Lektionen, die sich auf neue und herrliche Weise manifestieren.

Erinnern Sie sich in diesem Monat an die folgenden Affirmationen, die Ihnen helfen, in der Vergänglichkeit Frieden, Neugier und Optimismus zu finden:

> *„Auch das wird vorübergehen."*
>
> *„Ich kann jederzeit zu Ruhe und Frieden zurückkehren."*
>
> *„Ich nehme Veränderungen mit Neugierde und Dankbarkeit an."*
>
> *„Ich fließe mit dem Leben, wenn es sich verändert, und akzeptiere die natürliche Veränderung."*
>
> *„Dank Veränderungen ist absolut alles möglich."*

Meditation

GANZKÖRPERATMUNG

1. Atmen Sie lange, langsam und tief ein, anschließend langsam und kontrolliert wieder aus, als gäbe Ihr Körper einen großen Seufzer der Erleichterung von sich, sodass das Gewicht Ihres Körpers zur Ruhe kommt und sich setzt.

2. Fühlen Sie sich in Ihren Körper hinein und achten Sie darauf, wie er sich anfühlt. Atmen Sie erneut lange, langsam und tief ein und lassen Sie beim Ausatmen jegliche körperliche Anspannung los.

3. Ohne Kontrolle über irgendetwas erlangen zu wollen: Achten Sie einfach darauf, wovon Sie abgelenkt werden – von Gedanken oder körperlichen Empfindungen. Versuchen Sie, diese bewusst loszulassen.

4. Verankern Sie sich voll und ganz in der Gegenwart, um ein Gefühl dafür zu bekommen, was Sie noch mit sich herumtragen – Vergangenes, Gedanken, Zukünftiges oder körperliche Empfindungen. Stellen Sie sich vor, dass Energiestränge von Ihnen zu diesen Belastungen, Ablenkungen oder Erfahrungen fließen.

5. Visualisieren Sie, wie Sie diese Energiestränge sachte von Ihren Belastungen ablösen – flüstern Sie ein „Danke", wenn es angemessen ist –, und verbinden Sie diese Stränge dann wieder mit sich selbst, sodass ein Fluss heilender Energie durch Ihren Körper fließen kann.

6. Gönnen Sie sich einen Moment Ruhe und spüren Sie, wie der Strom des Lebens und der Energie durch Ihren Körper fließt. Spüren Sie, wie Körper, Geist und Herz in Einklang kommen und mit neuem Leben und neuer Kraft durchströmt werden.

7. Atmen Sie lange, langsam und tief ein, um diesen positiven Fluss zu bestärken.

8. Legen Sie eine Hand auf Ihr Herz und flüstern Sie: „Ich bin genau da, wo ich sein muss." Bleiben Sie so lange hier, wie Sie möchten.

Bewegung

MIT DEM FLOW GEHEN

Legen Sie sich auf Ihre Yogamatte und atmen Sie ein paarmal lange, langsam und tief ein, um Ihre Energie zu erden. Nehmen Sie dann locker die Yogahaltungen ein und beenden Sie diese ebenso ungezwungen und ohne zu viel nachzudenken.

LOS GEHT'S

Bewegen Sie den Körper so, wie Sie meinen, ihn bewegen zu müssen. Absolvieren Sie Dehnübungen, die sich gut für Sie anfühlen, und nehmen Sie schnell und zügig die Haltungen ein, nach denen Ihnen gerade zumute ist. Absolvieren Sie die einzelnen Asanas in fließenden, nicht in erzwungenen Bewegungen, nur geleitet von Ihrem Herzen und Ihrem Atem, und achten Sie nicht darauf, es „richtig" zu machen. Lassen Sie sich einfach treiben.

YOGAHALTUNGEN FÜR VERÄNDERUNGEN

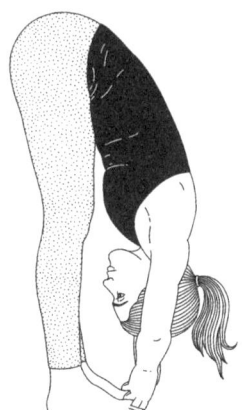

Hand zum Fuß
(*Padangusthasana*)

Beginnen Sie im Stehen, die Füße parallel und hüftbreit auseinander. Beugen Sie sich aus der Hüfte nach vorn und umfassen Sie die Ellenbogen mit der jeweils anderen Hand. Schaukeln Sie einige Momente sanft nach vorn, zurück und von einer Seite zur anderen. Greifen Sie mit Zeige- und Mittelfinger nach unten an die beiden großen Zehen, um eine Dehnung in den Oberschenkeln zu spüren.

Einbeinige Taube II
(*Eka Pada Rajakapotasana II*)

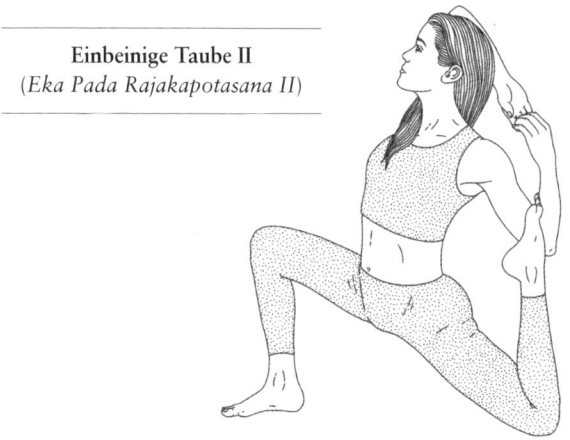

Dies ist eine fortgeschrittene Version der Taube (Seite 139). Sollten Sie jedoch Knieprobleme oder die Taubenstellung bereits als schwierig empfunden haben, üben Sie weiterhin die einfache Variante.

Setzen Sie sich auf Ihre Matte und strecken Sie beide Beine vor sich aus. Stellen Sie einen Fuß flach auf den Boden, verlagern Sie Ihr Gewicht auf diesen Fuß und führen Sie das andere Bein nach hinten, sodass es sich gerade hinter Ihnen befindet. Das Knie des ausgestreckten Beins beugen, damit Ihr Gewicht von dem flach auf dem Boden stehenden Fuß und dem anderen Knie hinter Ihnen getragen wird. Heben Sie den Arm derselben Seite des vorderen Fußes über den Kopf und greifen Sie nach hinten, um den Fuß des gebeugten Knies oder die Hand des anderen Arms zu finden. Atmen Sie in die „offene" Hüfte und in die Rückenbeuge, dann die Seite wechseln.

Ritual

Übergangsriten spielen in vielen kulturellen, spirituellen und religiösen Praktiken eine zentrale Rolle und haben oft tiefgreifende philosophische Ziele.

Häufig als Initiationen zelebriert, preisen sie den Zyklus und die Phasen des Lebens: die Geburt, den Übergang von der Kindheit zum Jugendalter, die Schwelle von der Jugend zum Erwachsensein und schließlich die letzte Stufe des Kreislaufs – den Tod.

Auslöschung und Ende werden im Rahmen der Philosophie des Übergangsrituals als Ereignisse gewürdigt, die Raum und fruchtbaren Boden für die Entstehung neuen Lebens schaffen.

HO'OPONOPONO

Ho'oponopono ist ein hawaiianisches Vergebungsritual und bedeutet übersetzt so viel wie „in Ordnung bringen" oder „Richtigstellung". Das Ritual selbst wird in der Regel in Familienversammlungen oder mit mehreren Personen durchgeführt und beginnt mit Gebeten, bevor das Problem oder die Beichte des Einzelnen klar dargelegt wird. Die Gemeinschaft beschäftigt sich dann mit dem Problem, als wäre es ihr eigenes; es gibt keine Trennung zwischen dem Einzelnen und all den anderen. Man denkt in Ruhe nach und diskutiert, und dann lassen alle gemeinsam los, indem sie das folgende Mantra aufsagen: *Es tut mir leid. Bitte verzeih mir. Ich danke dir. Ich liebe dich.*

Es tut mir leid steht in Zusammenhang mit Gefühl, mit Ihrem höheren Selbst und befreit Sie von Schuld und Scham.

Bitte verzeih mir meint die Vergebung dafür, dass Sie Ihre Verbundenheit mit anderen vergessen haben.

Ich liebe dich – „Namaste" – die in Indien und anderen asiatischen Ländern gebräuchliche Grußformel soll ausdrücken, dass das Licht in mir das Licht in Ihnen preist, und dass man bereit ist, die Situation und die Herausforderung, vor der Sie stehen, zu würdigen.

Ich danke dir steht für einen hoffnungsvollen Ausblick, ein Willkommenheißen dessen, was noch kommt. Durch die Vergebung werden die energetischen Belastungen der Vergangenheit oder des Egos freigelassen.

Selbstfürsorge

DIE PUNKTE VERBINDEN

Der verstorbene Steve Jobs hielt 2005 eine beeindruckende Rede an der Stanford University, in der er seine Ratschläge an die Hochschulabsolventen skizzierte. (Die Rede ist immer noch auf Youtube zu sehen.) Er gab fünf Tipps:

1. Folgen Sie stets Ihrem Herzen.

2. Manchmal entpuppen sich die schlimmsten Dinge, die uns passieren, als die besten. Er nannte dies „die Punkte verbinden".

3. Denken Sie daran, dass das Leben nicht von Dauer ist und Sie nicht ewig hier sind, also leben Sie jetzt in vollen Zügen.

4. Verschwenden Sie Ihre Zeit nicht damit, das Leben eines anderen zu leben.

5. Bleiben Sie hungrig, bleiben Sie albern.

„Die Punkte verbinden" – dieser Satz liefert uns die Rückversicherung, dass die größten Herausforderungen im Leben den Weg für die größte Belohnung ebnen. Aber Jobs meinte: „Man kann die Punkte nicht verbinden, wenn man nach vorne schaut, sondern nur, wenn man zurückblickt. Sie müssen also darauf vertrauen, dass sich die Punkte in Ihrer Zukunft schon irgendwie verbinden werden."

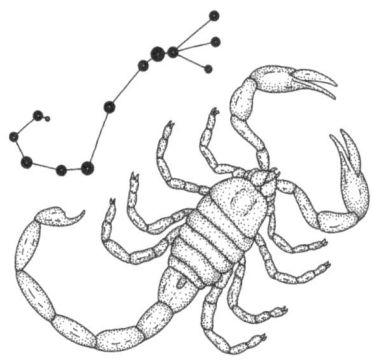

Rezepte und Getränke

GEMÜSE DER SAISON:
Grünkohl, Pastinake, Karotte, Chicorée, Lauch, Kartoffel

KRÄUTER DER SAISON:
Petersilie, Rosmarin, Schnittlauch

SELLERIESUPPE
FÜR VIER PERSONEN

ZUTATEN

1 große weiße Zwiebel, fein gewürfelt	8 Stangen Staudensellerie, grob gehackt
Olivenöl	475 ml Gemüsebrühe
2 Knoblauchzehen, fein gehackt	125 ml Haferdrink (oder ein anderer Milchersatz)
1 helle Kartoffel, geschält und gewürfelt	1 EL gehackter frischer Salbei
	Salz und schwarzer Pfeffer

ZUBEREITUNG

1. Etwas Olivenöl erhitzen und die Zwiebel darin anbraten, bis sie anfängt, braun zu werden.

2. Knoblauch und Kartoffel hinzufügen und etwa 4 Minuten mitbraten.

3. Den Sellerie, die Brühe und den Haferdrink hinzufügen und zum Kochen bringen.

4. Die Hitze verringern und das Ganze 10–15 Minuten köcheln lassen, bis die Kartoffel weich ist.

5. Die Suppe etwas abkühlen lassen, dann zusammen mit dem Salbei in den Mixer geben und pürieren, bis sie sämig ist.

6. Nach Geschmack würzen.

CHAMPIGNONSUPPE
FÜR VIER PERSONEN

ZUTATEN

Olivenöl	475 ml Gemüsebrühe
1 große weiße Zwiebel, gehackt	250 ml Haferdrink (oder ein anderer Milchersatz)
2 Knoblauchzehen, fein gehackt	1 EL gehackte frische Petersilie
250 g Champignons, grob gehackt	Salz und schwarzer Pfeffer

ZUBEREITUNG

1. Etwas Olivenöl erhitzen und die Zwiebel darin anbraten, bis sie anfängt, braun zu werden.

2. Den Knoblauch und die Pilze hinzufügen und etwa 5 Minuten mitbraten.

3. Die Brühe und den Haferdrink hinzufügen und zum Kochen bringen.

4. Die Hitze reduzieren und das Ganze 10 Minuten köcheln lassen.

5. Die Suppe etwas abkühlen lassen, dann zusammen mit der Petersilie in einen Mixer geben. Je nach Geschmack glatt pürieren oder etwas stückig lassen und wieder in den Topf geben.

6. Die Suppe erneut aufkochen und nach Belieben eindicken lassen. Nach Geschmack würzen.

Das Glück weitergeben

Nehmen Sie sich in diesem Monat etwas Zeit, um eine Liste aller Bücher zu erstellen, die Ihr Leben nachhaltig beeinflusst haben. Notieren Sie von jedem Buch den Titel, schreiben Sie einen Überblick und ein paar Gedanken zu den wichtigsten Lektionen, die Sie gelernt haben, sowie zu den entscheidenden Erkenntnissen, die sich Ihnen beim Lesen offenbarten.

Wählen Sie ein oder zwei der Bücher aus, die Ihrer Meinung nach unbedingt jeder lesen sollte. Überlegen Sie, was für eine Person am meisten von der Lektüre profitieren würde: Wer diese Person sein könnte, welche Probleme sie hat und was sie sucht. Dann nehmen Sie dieses Buch aus Ihrem Regal und – wenn Sie sich davon trennen können – öffnen den Einband und schreiben eine kleine Notiz hinein (oder Sie schreiben sie auf ein Stück Papier, stecken dieses in einen Umschlag und dann ins Buch). Ihre Nachricht könnte etwa so lauten:

Hallo du,

ich bin so froh, dass dieses Buch seinen Weg zu dir gefunden hat. Ich schenke es dir in der Hoffnung, dass der Wegweiser, den du suchst, die beruhigenden Worte, derer du bedarfst, und die Motivation und Inspiration, die du gerade suchst, alle in diesem Buch enthalten sind. Es hat mein Leben verändert und ich hoffe, dass es auch dir auf deinem Weg hilft.

Viel Spaß beim Lesen!

Dann legen Sie das Buch in einen Zug, auf eine Bank oder in ein Café und vertrauen darauf, dass es seinen Weg in die Hände und Herzen derer findet, die es brauchen.

Umweltbewusst handeln

DIE NATUR INS HAUS HOLEN

Zimmerpflanzen sind weit mehr als nur ästhetisch ansprechend und trendy. Untersuchungen haben ergeben, dass Zimmerpflanzen die Stimmung heben, Stress abbauen und die Produktivität steigern. Weitere Studien legen nahe, dass Zimmerpflanzen den Blutdruck senken und die Müdigkeit verringern.

Zimmerpflanzen verbessern auch die Luftqualität Ihrer Wohnung oder Ihres Arbeitsplatzes, da Pflanzen Kohlendioxid absorbieren und Sauerstoff abgeben. Zu den Zimmerpflanzen, die als pflegeleicht gelten und die Luft reinigen, gehören:

Spinnenpflanzen *Chlorophytum*

Friedenslilien *Spathiphyllum*

Gummibäume *Ficus*

Streifenfarne *Asplenium*

Aloe vera *Aloe*

Nehmen Sie sich die Zeit und kümmern Sie sich wirklich um Ihre Pflanzen. Stauben Sie die Blätter ab, geben Sie ihnen die richtige Menge Wasser, und machen Sie ihnen vielleicht das ein oder andere Kompliment, damit sie wissen, dass sie geschätzt und geliebt werden.

Kreativität

Mandala ist das Sanskrit-Wort für „Kreis", eine Darstellung dessen, dass alles miteinander verbunden ist und des unendlichen Lebenskreises. Ein Mandala ist ein geometrischer Kreis mit einem zentralen Punkt und symmetrischen Formen, Symbolen und Linien. In buddhistischen und hinduistischen Traditionen ist das Gestalten eines Mandalas ein heiliger Akt der Meditation. Man glaubt, dass der „Künstler" durch die sorgfältige Gestaltung seines Mandalas bei der Transformation der Welt in Richtung Frieden mitwirkt. Das Kreieren eines Mandalas ruft bei dem, der damit beschäftigt ist, Gefühle von Ruhe, Frieden und Verbundenheit hervor und führt so zu einem Zustand der Erleuchtung.

In der Kultur der amerikanischen Ureinwohner erscheinen Mandalas in Form von Traumfängern.

Es gibt eine schöne Tradition, die die Vergänglichkeit ehrt und von tibetischen Mönchen gepflegt wird: Sie erschaffen ein riesiges Mandala aus Sand. Eine kleine Gruppe von Mönchen, die alle zusammenarbeiten, benötigt mehrere Wochen dafür. Es ist ein kompliziertes, meditatives und beeindruckendes Kunsthandwerk, bei dem Millionen von Sandkörnern, oftmals gefärbt, sorgfältig in symmetrische geometrische Formen und Muster innerhalb eines Kreises gebracht werden. Das heilige Mandala zieht weitere Mitglieder der Glaubensgemeinschaft an, die den Schaffensprozess beobachten, darüber nachsinnen und während des Betrachtens in einen Zustand der Meditation gelangen. Sobald das Mandala fertiggestellt ist, werden Gebete dazu gesprochen, anschließend wird es zerstört. Es wird bis auf das letzte Körnchen weggefegt, wenngleich denjenigen, die mitgebetet haben, eine Handvoll Sand als Andenken angeboten wird. Der restliche Sand wird zu einem Fluss oder Bach gebracht, damit er zurück ins Meer gelangen kann.

In diesem Monat besteht Ihre Aufgabe darin, ein Mandala meditativ zu gestalten und dann in Ruhe darüber nachzudenken oder zu beten, bevor Sie es zerstören.

1. ZEICHNEN SIE EIN MANDALA

Zeichnen Sie einen Kreis mithilfe eines Zirkels oder eines runden Gegenstandes und markieren Sie dessen Mitte. Zeichnen Sie zunächst eine Senkrechte durch den Kreis, um zwei Seiten zu bilden, und dann eine Horizontale, um das Bild zu vierteln; anschließend ziehen Sie zwei schräge Linien, um eine symmetrische Sternform zu erhalten. Setzen Sie zwei Kreise innerhalb des großen Kreises. Beginnen Sie vom Mittelpunkt aus, symmetrische Formen und Symbole zu zeichnen.

Wenn das Mandala fertig ist, meditieren oder beten Sie einige Zeit damit. Dann zerreißen Sie es in kleine Stücke und entsorgen es im Altpapier oder im Feuer.

2. KREIEREN SIE EIN MANDALA IN UND AUS DER NATUR

Sammeln Sie einige Gegenstände aus der Natur – Blätter, Blumen, Steine, Zweige, Sand, Erde, Federn, Muscheln.

Legen Sie einen einzelnen Gegenstand in die Mitte Ihres zu kreierenden Mandalas und arbeiten Sie sich von dort aus nach außen vor, indem Sie die Gegenstände symmetrisch und methodisch anordnen. Wenn Sie glauben, fertig zu sein, halten Sie inne, um nachzudenken, zu meditieren oder zu beten; dann bauen Sie Ihr Werk wieder ab und bringen alle Teile zurück in die Natur.

Verbundenheit

Das Leben selbst ist nicht von Dauer, und das gilt auch für jeden seiner Aspekte: von unseren Gefühlen bis hin zu all unseren Erfahrungen; von unserem Körper bis hin zur Umwelt; von der Erkenntnis unseres Ichs und dessen, was wir sind, bis hin zu unserem Sinn für das individuelle Andere, das wir in den Dingen außerhalb von uns selbst finden. Alles ist im Wandel, entwickelt sich, bewegt sich, wächst. So wie die Jahreszeiten sich verändern, so verändern auch wir uns.

In Zeiten der Verzweiflung können wir Frieden finden, wenn wir uns ins Gedächtnis rufen: „Auch das wird vorübergehen". Wenn wir eine Erfahrung erleben, die uns Freude bereitet, kann die Erkenntnis, dass auch diese sich ändern wird, uns helfen, im Hier und Jetzt voll und ganz zu leben.

Den Kummer anzuerkennen ist ebenso wichtig wie das Anerkennen der Vergänglichkeit. Alle Gefühle im Licht willkommen zu heißen ist der einzige Weg, sie zu verarbeiten, zu heilen und aufzulösen.

Die Vergänglichkeit bietet uns die Möglichkeit, die Vergangenheit hinter uns zu lassen und Raum zu schaffen, damit sich neue Erfahrungen entfalten und unsere Träume wahr werden. Wenn wir nicht länger an den Dingen, die wir nicht kontrollieren können, festhalten, lassen wir uns von einem Fluss der Zuversicht tragen und betreten die weiten Gefilde des Bewusstseins, wo alles so ist, wie es ist.

Tagebuch

„Es ist nicht die Vergänglichkeit,
die uns leiden lässt. Was uns leiden lässt,
ist der Wunsch, dass die Dinge von
Dauer sind, obwohl sie es nicht sind."

Thích Nhat Hanh

Wie gehe ich mit Veränderungen um?

Welche Gefühle kommen in mir auf, wenn mir
Veränderungen aufgezwungen werden und ich sie
nicht selbst gewählt habe?

Was sind meine Gedanken zur Vergänglichkeit
all dessen, was es im Leben gibt?

NOVEMBER

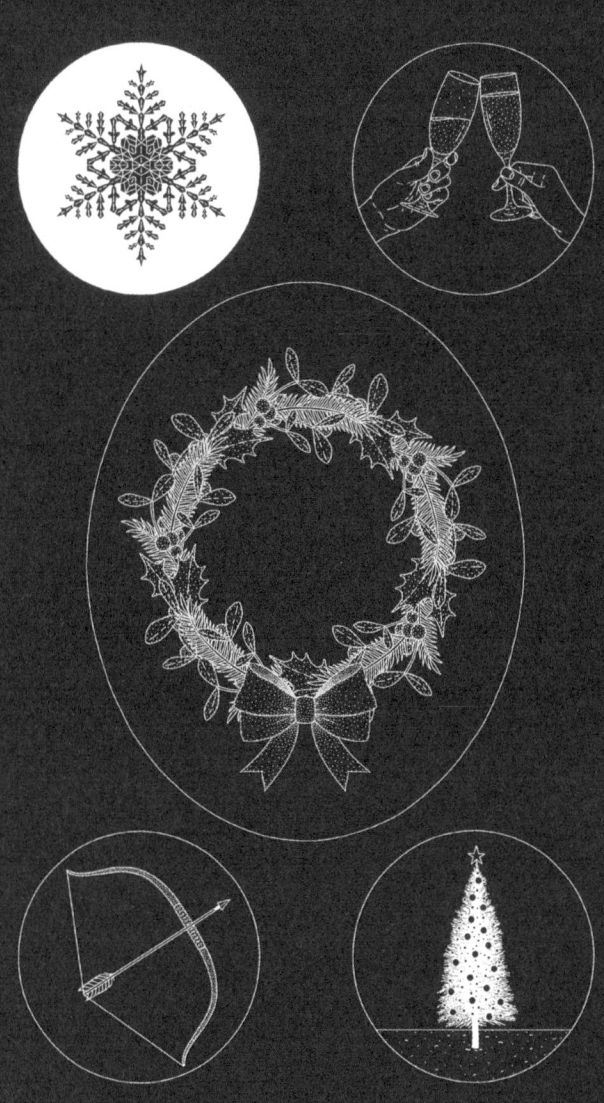

Dezember

**Der Dezember ist ein Monat des Lichts
und des Schattens. In den kurzen, dunklen
Tagen zieht sich die Natur zurück und
bedeckt die Erde mit einer Frostschicht.
Dezember ist die Zeit der Besinnung,
der Vorsätze, des Zusammenseins
und des Feierns.**

Unser Schwerpunkt in diesem Monat liegt auf
der Zusammenfassung aller Themen, die wir
behandelt haben – eine Verschmelzung von Licht
und Schatten, Reflexionen, Vorsätzen und unserem
gegenwärtigen Dasein. Gemeinsam werden
wir dafür sorgen, dass Sie sich einen Raum
schaffen, in dem Sie sich selbst auf die Schulter
klopfen können, um zu sagen: „Das habe
ich gut gemacht." Unser Thema für diesen
Monat lautet: Feiern.

„Selbst nach all
dieser Zeit sagt die Sonne
nie zur Erde:
‚Du schuldest mir etwas.'
Schau, was eine solche
Liebe bewirkt.
Sie erleuchtet den
ganzen Himmel."

HĀFIZ
PERSISCHER DICHTER

Erzählung

Eines Tages beschloss ein Mann, alles aufzugeben: seinen Beruf, seine Beziehung, seinen Glauben; er wollte das Leben aufgeben.

Er ging in den Wald, um mit einem Weisen zu sprechen, und fragte nach einem guten Grund, warum er nicht aufgeben sollte.

„Schau dich um", sagte der Weise. „Siehst du den Farn und den Bambus? Als ich die Farn- und Bambussamen einsetzte, kümmerte ich mich sehr gut um beide. Ich gab ihnen Licht und Wasser. Der Farn wuchs schnell aus der Erde. Sein leuchtendes Grün bedeckte den Boden. Doch aus dem Bambussamen wurde nichts. Aber ich habe den Bambus nicht aufgegeben.

Im zweiten Jahr wuchs der Farn noch üppiger. Und wieder ging aus dem Bambussamen nichts hervor. Aber ich habe den Bambus nicht aufgegeben.

Im dritten Jahr kam immer noch nichts aus dem Bambussamen. Aber ich wollte ihn nicht aufgeben. Im vierten Jahr war immer noch nichts zu sehen.

Dann, im fünften Jahr, schoss ein winziger Spross aus der Erde. Verglichen mit dem Farn war er klein und unbedeutend, aber nur sechs Monate später war der Bambus über 30 Meter hoch. Er hatte die fünf Jahre damit verbracht, Wurzeln zu schlagen, die ihn stark machten und ihm das gaben, was er zum Überleben brauchte.

Nichts und niemand wird vor eine Herausforderung gestellt, die man nicht bewältigen kann. Die ganze Zeit, in der du denkst, du hättest dich abgemüht, hast du in Wirklichkeit Wurzeln geschlagen.

Vergleiche dich nicht mit anderen. Der Bambus hatte einen anderen Zweck als der Farn … Und doch verschönern beide den Wald. Deine Zeit wird kommen. Auch du wirst dich erheben."

Sterne, Mond, Sonne

Im Dezember finden auf der ganzen Welt Treffen statt, sei es in der Familie, in Gemeinschaften oder aus religiösen Gründen, und zwar zur Wintersonnenwende, zu Weihnachten und Chanukka sowie zu Silvester.

STERNE
SCHÜTZE (23. NOVEMBER BIS 20. DEZEMBER) –
FEUERZEICHEN
Ein Bogenschütze mit einem Pfeil wird in der Regel verwendet, um das Sternzeichen Schütze darzustellen, das symbolisch für Zielstrebigkeit steht.

MOND
Der Vollmond im Dezember ist als Kalter Mond bekannt. Der Mond ist auf die Sonne angewiesen, um zu scheinen, und hat daher eine weiche Yin-Qualität, die mit Gleichgewicht und Erneuerung in Verbindung gebracht wird.

SONNE
Zur Wintersonnenwende hält die Sonne auf dem Weg ihres Untergangs inne und bleibt einige Tage lang stehen, bevor sie wieder höher steigt und mehr Licht und immer längere Tage mit sich bringt.

Erde

KRISTALL: ANGELIT

Angelit hat zarte Blautöne. Er wurde erstmals in Peru entdeckt und ist eine Form des Anhydrits – ein Gestein, das so genannt wird, weil es ohne Wasser kristallisiert (Anhydrit bedeutet „ohne Wasser"). Er wird oft für spirituelle Verbindungen aufbewahrt und soll den Kontakt mit Schutzengeln begünstigen.

ANGELIT

Gelassenheit	*Klare Kommunikation*
Innerer Frieden	*Selbstausdruck*
Kreativität	*Einsicht*
Übersinnliches Channeling	*Vorsatz und Zielstrebigkeit*
Wiedergeburt	

DEZEMBERBLUMEN: NIESWURZ, MAHONIE, HEIDEKRAUT, WINTERLING

Unser Favorit: Nieswurz – auch bekannt als Christrose, blüht in Weiß, Grün oder Dunkelrot/Schwarz. Die Blume ist Thema zahlreicher Mythen und volkstümlicher Geschichten und wird oft mit Hoffnung und Freude verbunden.

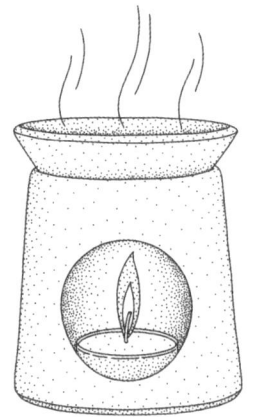

ÄTHERISCHES ÖL: ENGELWURZ

Das ätherische Öl Engelwurz hat einen krautigen, pfeffrigen Duft und wird medizinisch bei Kreislaufschwäche, Müdigkeit und Schlaflosigkeit verwendet. Es soll das Nervensystem beruhigen und negative Emotionen wie Wut, Angst, Eifersucht und Schuldgefühle ausgleichen.

Affirmationen

Der Dezember kann ein recht hektischer Monat sein: Weihnachtsfeiern auf der Arbeit, Familientreffen, Silvesterfeiern. Wir müssen Geschenke kaufen und unser Zuhause festlich schmücken. Das alles kann etwas anstrengend und stressig sein, wenn wir es zulassen.

Passen wir uns jedoch dem Rhythmus der Jahreszeit an, können wir entschleunigen und uns in die langen, von Kerzen beleuchteten Nächte zurückziehen, um etwas auszuruhen, uns zu sammeln, alles Vergangene dankend anzuerkennen und Vorsätze für das neue Jahr zu fassen.

Uns des gegenwärtigen Daseins, unserer Dankbarkeit und an das zu erinnern, was wirklich zählt, ist das Wichtigste während der Festtage. Wir können uns auch in Druck oder Stress verlieren, was allerdings falsch wäre, denn diese Zeit bietet uns die Gelegenheit, Liebe und Licht zu teilen, zu geben und zu nehmen.

Mit dem Fokus auf unserer spirituellen Verbundenheit wollen wir uns bewusst machen, dass wir immer eine Wahl haben – das Licht zu sein und uns für die Liebe zu entscheiden.

„Ich bin ein klarer und reiner Kanal für das Licht."

„Meine Wahl ist: Ich bin Liebe."

„Ich gönne mir Freude und Vergnügen und bin stolz darauf, wer ich bin."

„Ich bin Licht. Ich bin Liebe."

„Ein Wunder ist eine Veränderung der Wahrnehmung von Angst zu Liebe."

Meditation

MEDITATION ZUM FEIERN

1. Konzentrieren Sie sich für einen Moment ganz auf Ihre Ohren. Hören Sie auf die Klänge des Lebens, der Bewegung und der Schwingung um Sie herum. Achten Sie auf die Leere zwischen den Klängen – den Raum der Stille, aus dem der Klang kommt und in den er zurückkehrt.

2. Atmen Sie lange, langsam und tief ein und konzentrieren Sie sich ganz auf Ihren Atem. Nehmen Sie den Klang und den Rhythmus Ihres Atems wahr, während Sie entspannt ein- und ausatmen und das Atmen von ganz allein geschieht.

3. Fokussieren Sie sich nun auf die Leere zwischen den Atemzügen, dorthin, woher der Atem zu kommen scheint und wohin er zurückkehrt: auf die kurze Pause zwischen dem Aus- und dem Einatmen.

4. Jedes Mal, wenn Sie in dieser Leere ankommen, entspannen Sie ganz tief, indem Sie sich diesem Raum hingeben.

5. Konzentrieren Sie sich auf des Inhalt Ihres Geistes und Ihres Herzens. Achten Sie darauf, was dort ist, bevor Sie sich wieder auf die Stille zwischen den Gedanken fokussieren statt auf die Gedanken selbst oder die Ablenkungen. Nehmen Sie den Raum wahr, in dem die Gedanken entstehen und in den sie zurückkehren.

6. Verweilen Sie in diesem offenen, erweiterten Bewusstsein. Lassen Sie Ihre Gedanken, Ihre Gefühle und Empfindungen und Ihren Atem kommen und gehen, auf dass sie sich durch Ihre Erfahrung des Hier und Jetzt bewegen. Ruhen Sie ganz tief im Sitz Ihres Bewusstseins. Lassen Sie alles einfach so sein, wie es ist.

7. Bleiben Sie hier so lange, wie Sie möchten, und schließen Sie die Meditation mit einem letzten langen, langsamen und tiefen Atemzug ab.

Bewegung

Wenn Sie darauf achten, sich an jedem Tag in irgendeiner Form zu bewegen, bleiben Ihr Körper, Ihr Geist und Ihre Seele gesund. Hören Sie jeden Tag auf Ihren Körper, Ihren Geist und Ihr Herz und fragen Sie sich: „Was brauche ich heute?" Wenn Sie sich lustlos und träge fühlen, sollten Sie vielleicht ein bisschen tanzen. Sollten Sie unruhig sein und Stress haben, wäre etwas Joggen angesagt. Wenn Sie Trost und Zuspruch brauchen, entspannen Sie sich beim Yoga.

LOS GEHT'S

Nehmen Sie sich ein paar Minuten Zeit, um über die sportlichen Betätigungen nachzudenken, die Sie in diesem Jahr ausprobiert haben, sei es Tanzen oder Reiten, Yin-Yoga oder achtsames Gehen. Welcher Sport fühlte sich anregend, erdend, beruhigend an oder hat viel Spaß gemacht? Dann fragen Sie sich: „Was brauche ich heute?"

YOGAHALTUNGEN FÜR GEIST, KÖRPER UND SEELE

Kindhaltung
(*Balasana*)

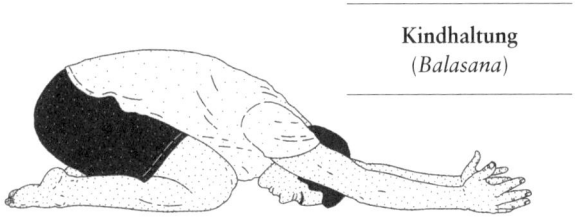

Nehmen Sie kniend die Kindhaltung ein; die Knie sind weit auseinander, die Brust nahe zum Boden und die Arme gestreckt vor Ihrem Körper. Drehen Sie die Handflächen nach oben, als wollten Sie etwas entgegennehmen. Denken Sie beim Einatmen daran, dass Sie diesen Atem als Leben aus dem Universum empfangen, und atmen Sie dankbar aus.

Tänzer
(*Natarajasana*)

Stehen Sie fest auf beiden Füßen, atmen Sie ein paarmal tief durch und beugen Sie dann ein Knie hinter dem Körper, sodass die Ferse Ihren Po erreicht. Greifen Sie mit der Hand derselben Seite nach hinten und halten Sie sich an der Außenseite des Fußes fest. Lassen Sie die Brust gerade und gestreckt, drücken sie den Fuß fest in die Hand und heben Sie das hinter dem Körper befindliche Bein. Fortgeschrittene können die Tänzerstellung in Gänze absolvieren. Falls Sie Ihren Fuß nicht mit beiden Händen umfassen können, nehmen Sie einen Riemen zu Hilfe, den Sie über Ihren angehobenen Fuß legen, und halten das Riemenende mit beiden Händen. Wenn dies immer noch schwierig ist, bleiben Sie bei der auf Seite 159 gezeigten Variante. Die Übung auf der anderen Seite wiederholen.

Ritual

SIE BENÖTIGEN:

einen Notizblock
und einen Stift

Blanko-Grußkarte
und Umschlag

drei Kerzen

RÜCKBLICK

Zünden Sie eine der Kerzen in Erinnerung an das vergangene Jahr
an. Denken Sie über das zurückliegende Jahr nach, als sähen Sie
einen Film. Schreiben Sie auf, was die wichtigsten Ereignisse und
wer die Hauptpersonen waren. Welche Themen, Muster oder
Lektionen tauchen auf? Was waren die wichtigsten Lehren, die Sie
gelernt haben?

VORSCHAU

Zünden Sie eine zweite Kerze an, dieses Mal zugunsten der Zukunft. Freuen Sie sich auf Events, die bereits geplant sind, oder auf
etwas, das Sie gerne erreichen, sehen, verwirklichen oder erleben
möchten. Fühlen Sie sich in diese Ziele hinein, während Sie sie
aufschreiben, als wären Sie bereits angekommen und Ihre Träume
bereits in Erfüllung gegangen.

HIER UND JETZT

Zünden Sie zum Schluss die dritte Kerze an, um die Gegenwart
gebührend zu ehren. Seien Sie sich im Klaren darüber, wo Sie jetzt
gerade sind. Was ist für Sie in diesem Moment real? Lassen Sie
Ihre Schatten auf das Blatt wandern und bringen Sie sie ins Licht.
Denken Sie darüber nach, was Sie bereit sind, loszulassen. Denken
Sie über die kleinen Schritte nach, die Sie tun können. Wie können
Sie sich in diesem Moment selbst aufmuntern?

   Schreiben Sie als Nächstes einen Liebesbrief an sich selbst, als
schrieben Sie an Ihr zukünftiges Ich. Reißen Sie die Seite heraus
und stecken Sie sie in den Umschlag. Adressieren Sie ihn an sich
selbst und schreiben Sie ein Datum darauf, an dem Sie ihn öffnen
können – vielleicht in drei oder sechs Monaten.

Selbstfürsorge

Nehmen Sie sich in der Hektik der Weihnachtszeit etwas Zeit, um in Tönen zu baden oder sie selbst zu erzeugen – um sich durch bestimmte Klänge in eine tiefe Meditation versetzen zu lassen und in Frieden mit sich selbst zu sein. Klang kann etwas Ätherisches, Emotionales, Mächtiges und Heilsames an sich haben.

KLANGHEILUNG

Probieren Sie ein Klangbad aus – Wenn Sie noch nie an einem angeleiteten Klangbad teilgenommen haben, kann ich Ihnen das nicht oft genug empfehlen. Legen Sie sich bei einem solchen Bad bequem hin und decken Sie sich zu. Sobald Sie in Ihrem Kokon sind, bietet der Leiter des Klangbades vielleicht eine kurze Meditation an, damit Sie in Geist, Körper und Seele ankommen, bevor die Klangreise beginnt. Er kann einen Gong oder ein Glockenspiel ertönen lassen oder eine Flöte oder ein Perkussionsinstrument spielen. Mitunter bringt er auch Klangschalen zum Klingen, schlägt Stimmgabeln an oder singt, während Sie in den heilenden Schwingungen baden.

Entspannen Sie sich bei Hintergrundmusik – Meditieren Sie zu Musik. Musik kann uns tanzen, fühlen, weinen und Frieden finden lassen. Ein Musikstück kann mehr als tausend Worte sagen. Finden Sie etwas, das Ihre Seele anspricht, sei es Klaviermusik oder klassische Musik, Trommeln oder sphärische Klänge. Schalten Sie Ihr Telefon aus, schließen Sie die Tür, um nicht abgelenkt zu werden, und legen Sie sich für die Dauer des Stücks in die Totenstellung (siehe Seite 198).

Singen Sie – Die Weihnachtszeit ist bekannt für ihre musikalischen Traditionen, von klassischen Weihnachtsliedern bis hin zu den Liedern, die wir im Auto mitsingen. Besuchen Sie ein Weihnachtskonzert, um mit anderen Menschen zu singen, oder drehen Sie im Auto Mariah Carey auf und singen Sie aus voller Kehle mit!

Rezepte und Getränke

GEMÜSE DER SAISON:
Knollensellerie, Pastinake, Kohlrübe, Grünkohl, Rosenkohl

KRÄUTER DER SAISON:
Salbei, Rosmarin, Lorbeer

NUSSBRATEN
FÜR VIER PERSONEN

ZUTATEN

Olivenöl	120 ml Gemüsebrühe
1 große weiße Zwiebel, fein gewürfelt	1 TL gehackter frischer Rosmarin
3 Knoblauchzehen, fein gehackt	1 TL gehackter frischer Thymian
1 Lauchstange, in Scheiben geschnitten	40 g getrocknete Cranberrys
1 Karotte, ½ geschält und fein gehackt, ½ gerieben	60 g Maronen
	Schale von 1 Orange
1 Zucchini, in dünne Scheiben geschnitten	200 g gemischte Nüsse, grob zerkleinert
5 EL Cashewcreme	Salz und schwarzer Pfeffer

ZUBEREITUNG

1. Den Ofen auf 180 °C vorheizen und eine ca. 23,5 x 12 cm große Kastenform einfetten.

2. Etwas Olivenöl in einer Pfanne erhitzen und die Zwiebelwürfel darin etwa 3 Minuten anbraten, ohne sie braun werden zu lassen. Den Knoblauch einrühren und weitere 1–2 Minuten braten.

3. Den Lauch, die gehackte Karotte und die Zucchini in die Pfanne geben und weitere 3 Minuten braten.

4. Die Pfanne vom Herd nehmen, die Cashewcreme und die Gemüsebrühe einrühren.

5. Kräuter, Cranberrys, Maronen, geriebene Karotten, Orangenschale und Nüsse hinzufügen, alles gründlich vermischen und abschmecken.

6. Die Masse in die Kastenform füllen, möglichst fest zusammendrücken und verdichten.

7. Die Form mit Folie abdecken und 25 Minuten im Ofen backen. Die Folie abnehmen und den Nussbraten weitere 10 Minuten backen, aber die Oberseite nicht anbrennen lassen.

8. Sofort servieren.

ROSENKOHL AUF DREIERLEI ARTEN

1. Die Rosenkohlröschen putzen, waschen und in eine Schüssel geben. In etwas Olivenöl, Sojasauce, Honig und scharfer Sauce schwenken und im Ofen bei 180 °C etwa 25 Minuten braten.

2. Den Rosenkohl putzen und waschen. 280 g Räuchertofu in kleine Quadrate schneiden. Rosenkohl, Tofu und eine Handvoll Grünkohl in Olivenöl braten, bis alles gar ist. Vor dem Servieren abschmecken.

3. Die Rosenkohlröschen putzen und halbieren. In etwas Olivenöl und einer Prise Salz braten, bis sie weich werden und eine braune Farbe annehmen. 1–2 EL Mandelbutter unterrühren (je nach Anzahl der Röschen), sodass sie alle bedeckt sind. Die Röschen auf eine Servierplatte geben, mit 1 EL Sesam und 1 EL Granatapfelkernen bestreuen und nach Geschmack würzen. Lecker!

Das Glück weitergeben

„Ein Hund ist fürs Leben, nicht nur für Weihnachten", heißt es bei einem Wohltätigkeitsverband für Hunde.

So wie die Tiere in der Weihnachtsgeschichte geehrt werden, sollten wir diesen Monat etwas Zeit damit verbringen, unsere treuen Begleiter und alle Geschöpfe, die diesen Planeten mit uns teilen, zu würdigen.

Wenn Sie diesen Monat ein wenig (oder viel) Zeit mit einem Tier verbringen können, schenken Sie ihm Ihre ganze Aufmerksamkeit. Schauen Sie ihm in die Augen, seien Sie still, sanft und geben Sie sich ihm ganz hin; erkennen Sie das Leben und das Bewusstsein an, das sich in seinen Augen widerspiegelt.

Untersuchungen haben ergeben, dass das Streicheln eines Hundes oder einer Katze für 20 Sekunden oder länger den Blutdruck senkt, Angst- und Stressgefühle abbaut und das Immunsystem stärkt, sowohl bei Ihnen als auch bei dem Tier.

Pferde haben eine heilende Ausstrahlung. Schweine haben Wesenszüge, die Sie zum Lachen bringen können. Das neugierige und sanfte Wesen einer Kuh zeigt sich in ihren Augen. Der ausgelassene Geist von Schafen, insbesondere von Lämmern, spiegelt einen frechen, hundeähnlichen Charakter wider. Vögel zanken und schnattern wie freche Teenager.

Die Tiere, die dieses Leben mit uns teilen, bringen uns unermessliche Liebe, Kameradschaft, geistige Lehren und Herzen voller Freude.

Überlegen Sie sich, ob Sie in diesem Monat an eine Tierhilfsorganisation spenden oder sich ehrenamtlich in einem Tierheim engagieren wollen, oder nehmen Sie sich einfach vor, allen Tieren Mitgefühl und Dankbarkeit entgegenzubringen.

In Australien gibt es ein Tierasyl, das ein gütiges und mitfühlendes Motto hat – „Wenn wir ein glückliches, gesundes Leben führen könnten, ohne anderen zu schaden, warum sollten wir es nicht tun?"

Umweltbewusst handeln

Jedes Jahr wird allein zu Weihnachten in Deutschland 10 % mehr Müll produziert als zu jeder anderen Jahreszeit. Geschenke werden in unnötigen Plastikverpackungen geliefert, eingewickelt in Geschenkpapier mit Schleifen und Klebeband.

Üben Sie sich dieses Weihnachten in bewusstem Konsumverhalten, indem Sie Geschenke vermeiden, die unnötig eingepackt werden. Überlegen Sie sich, ob Sie handgefertigte Geschenke machen wollen, und verwenden Sie nach Möglichkeit recycelbare Geschenkverpackungen. Einige Ideen für selbst gemachte Geschenke finden Sie auf Seite 247.

RECYCELTES GESCHENKPAPIER OHNE PLASTIK

Verwenden Sie braunes Recyclingpapier zum Einpacken von Geschenken und binden Sie das Paket mit Schnur statt mit Klebeband zu.

Wenn Sie das Papier selbst dekorativ gestalten möchten, schneiden Sie Formen in halbierte Kartoffeln, tauchen diese in Farbe und drücken sie dann auf das braune Papier. Lassen Sie das Papier vor dem Einpacken trocknen.

Kreativität

Das Basteln von Weihnachtsschmuck, -karten und -geschenken ist eine achtsame und friedvolle Tätigkeit, die der ganzen Familie Spaß macht und dabei auch noch Geld spart.

KARTEN ANFERTIGEN

In den meisten Geschäften für Bastelzubehör oder bei Online-händlern können Sie Blankokarten aus recyceltem Material und Dekorationen für die Vorderseite der Karten kaufen. Sie können etwas zeichnen oder ein Wort, ein Gedicht oder Zeilen aus Ihren Lieblings- und Weihnachtsliedern schreiben – z. B. „Am Weih-nachtsbaume die Lichter brennen" oder „Die schönste Zeit des Jahres".

DEKORATIONSIDEEN

Tannenzapfen: Befestigen Sie eine Schnur an einem Tannenzapfen, so haben Sie eine rustikale Deko für Ihren Baum.

Die Natur ins Haus holen: Sammeln Sie Stechpalmen-, Efeu- und Tannenzweige, um daraus Kränze zu binden, eine Fensterbank oder einen Kamin zu schmücken oder als Tischdekoration.

Orangen trocknen: Schneiden Sie Orangen in dünne Scheiben und legen Sie diese auf einem Rost bei schwacher Hitze für etwa zwei Stunden in den Ofen. Binden Sie sie mit Schnur zu einer Girlande zusammen und fügen Sie, wenn Sie möchten, noch Zimtstangen hinzu.

Kerzenhalter: Basteln Sie aus alten Konservendosen hübsche Teelichthalter. Waschen und trocknen Sie die gebrauchte Dose gründlich. Benutzen Sie einen Nagel und einen Hammer oder einen kleinen Bohrer, um Löcher in die Seiten der Dose zu bohren, sodass festliche Lichtmuster entstehen.

Chutneys und Konfitüren: Siehe Seite 185.

Schneekugeln: Nehmen Sie ein leeres, sauberes Glas, biologisch abbaubaren Glitzer (denn der wird irgendwann im Müll landen), ein gebrauchtes Spielzeug oder eine Figur und Sekundenkleber. Kleben Sie die Figur auf die Innenseite des Deckels des Glases. Füllen Sie das Glas mit Wasser und geben Sie Glyzerin hinzu, damit der Glitzer besser sinkt, und fügen dann den Glitzer hinzu. Legen Sie den Deckel auf das Glas, verschließen Sie ihn fest und sichern Sie ihn mit Sekundenkleber, wenn Sie das Glas einem Kind schenken wollen.

Bilderrahmen: Verwenden Sie einen nicht mehr benötigten Bilder-rahmen oder kaufen Sie einen gebrauchten auf dem Flohmarkt oder in einem Secondhandladen, um ein Bild einzurahmen, das Sie verschenken möchten. Bekleben Sie den Rahmen mit Zeitungs-papier und wählen Sie die Wörter oder Geschichten überlegt aus, die darauf zu sehen sein sollen, oder bemalen Sie den Rahmen.

Blumentöpfe: Kaufen Sie neue oder gebrauchte Blumentöpfe und malen Sie geometrische Formen oder Linien auf die Seiten.

Lavendelsäckchen: Sammeln Sie Stoffreste, Linsen, ätherisches Lavendelöl und getrocknete Lavendelblüten. Schneiden Sie den Stoff in Quadrate und nähen Sie daraus kleine Täschchen. Lassen Sie einen Spalt frei, um das Säckchen mit Linsen, getrocknetem Lavendel und zwei Tropfen ätherischem Öl zu füllen, bevor Sie es zunähen. Binden Sie es mit einer dekorativen Schleife zu.

DEZEMBER

Verbundenheit

In ihrem Gedicht „Der Sommertag" fragt die Schriftstellerin und Dichterin Mary Oliver: „Sag mir: Was hast du mit deinem einen wilden, kostbaren Leben vor?"

Diese unsere Erfahrung des Menschseins kann sehr kompliziert sein. Wir alle haben ein breites Spektrum an Gefühlen und Gedanken, die sich aus Umständen, Beziehungen, Rollen und Reaktionen ergeben. Unsere Wahrnehmung ist oft von der „Realität" unserer Vergangenheit geprägt, durch die Umstände, an die wir uns in unseren frühen Jahren anpassen, mit denen wir fertigwerden und aus denen wir lernen mussten. Häufig resultieren unsere Gewohnheiten, Impulse und Wahrnehmungen dessen, was möglich ist oder nicht, oder auch dessen, was wir uns wert sind, aus diesen frühen Umständen.

Wir denken manchmal wie ein Opfer und vergessen dabei, dass wir eine Superkraft haben – unser Bewusstsein. Bewusst können wir uns von vergangenen Prägungen und Traumata heilen und neue Wege wählen, dieses Leben zu betrachten, es zu erleben und zu genießen. Im Licht des Bewusstseins werden wir mit unseren Mustern und Verhaltensweisen vertraut. Im Licht der Liebe können wir uns dafür entscheiden, das Vorgefundene nicht zu verurteilen, sondern es zur Kenntnis zu nehmen, nachsichtig mit ihm zu sein und es loszulassen. Jede Rückkehr in das Hier und Jetzt, in die große Weite des Bewusstseins, die uns in jedem Augenblick zur Verfügung steht, ist ein neuer Anfang.

Mit Übung, Geduld, Güte, Dankbarkeit und Liebe können wir mehr in Einklang mit unserer Wahrheit leben. Indem wir uns an die Vergänglichkeit dieses einen wilden und wertvollen Lebens erinnern, gestatten wir uns, wirklich zu leben.

Sagen Sie mir also: „Was haben Sie mit Ihrem einen wilden und kostbaren Leben vor?"

Tagebuch

*„Energie fließt dorthin,
worauf sich deine Pläne richten."*

Tony Robbins

**Hier sind ein paar Anregungen für Ihr Tagebuch,
die Ihnen bei Ihren Neujahrsvorsätzen helfen
sollen. Vielleicht möchten Sie dazu auch einige
Ihrer Notizen aus dem Ritual-Teil verwenden:**

Was waren die wichtigsten Lehren
aus dem vergangenen Jahr?

Wofür bin ich am dankbarsten, und worauf bin ich
im vergangenen Jahr am meisten stolz?

Was sind meine zehn Vorsätze für das neue Jahr?
Was kann ich tun, um meine Entwicklung in Richtung
meiner Träume voranzutreiben?

Was möchte ich mit meinem einen wilden
und kostbaren Leben anfangen?

Register

Weiterführende Literatur

Brown, Brené: *Verletzlichkeit macht stark. Wie wir unsere Schutz-mechanismen aufgeben und innerlich reich werden.*
München 2013

Brunner, Adelheid: *Heilende Räucherrituale.*
Altes Wissen für eine neue Zeit.
Engerwitzdorf/Mittertreffling 2021

Cameron, Julia: *Der Weg des Künstlers* (1. Aufl. 1996).
München 2019

Dyer, Wayne: *Im Einklang sein.*
Neun Wege zu innerer Ausgeglichenheit.
München 2014

Dyer, Wayne: *The Power of Intention.*
Carlsbad 2005

Foster, Jeff: *Radikales Erwachen.*
Petersberg 2014

Kondo, Marie: *Magic Cleaning –*
Wie richtiges Aufräumen Ihr Leben verändert.
Hamburg 2013

Lindwurm, Siegfried: *Vorsicht Licht. Ein spirituell-historischer*
Crash-Kurs & Literaturführer zum 3. Jahrtausend.
Marktoberdorf 2001

Schwarz, Anastasia: *Gelassenheit lernen.*
Die Ruhe in Person (2. Auflage).
Soest 2021

Tolle, Eckhart: *Jetzt! Die Kraft der Gegenwart.*
Bielefeld 2000

Walker, Matthew: *Das große Buch vom Schlaf.*
München 2017

William, Anthony: *Mediale Medizin.*
Der wahre Ursprung von Krankheit und Heilung.
München 2022

Williamson, Marianne: *Rückkehr zur Liebe* (6. Auflage).
München 2016

Danksagung

Es war mir eine große Freude und ein Vergnügen, dieses Buch zu schreiben. Ein großes Dankeschön an meine Lektorin Charlotte Selby und die Redaktionsleiterin Zara Larcombe für die Möglichkeit, dieses Buch zu verfassen, und für ihre harte Arbeit, Anleitung und Unterstützung.

Ein ganz herzliches Dankeschön an Familie Tamblyn auf der Botelet Farm und an Roger und Kiki, die mir solch seelenwärmende Räume zum Schreiben zur Verfügung stellen.

Danke an meine Mutter Nikki für all ihre Zeit, Präsenz und Unterstützung bei diesem Projekt und allem anderen.

Meinen lieben Freunden, die meine Familie sind, und der unglaublichen Horizon-Inspired-Community, die so unterstützend, freundlich und vergebend ist – danke, danke, danke.

Meine tiefste Dankbarkeit gilt Beth Kempton und dem Jahrgang 2019 der Book Proposal Masterclass, die mich bei der Verwirklichung dieses Buchprojekts tatkräftig unterstützt haben.

Vielen Dank an jede einzelne Leserin und jeden einzelnen Leser – alle, die sich auf diese Reise eingelassen haben. Ich hoffe, dass dieses Buch für Sie ein hilfreicher, liebevoller und inspirierender Begleiter durch die Jahreszeiten ist.